詮釋中國史

詮釋中國史
從源起到漢亡

約瑟夫·列文森 (Joseph R. Levenson)
舒扶瀾 (Franz Schurmann)　著

董玥　譯

香港中文大學出版社

列文森文集
董玥 主編

《詮釋中國史：從源起到漢亡》
　　約瑟夫·列文森、舒扶瀾 著
　　董玥 譯

繁體中文版 © 香港中文大學 2024

本書版權為香港中文大學所有。除獲香港中文大學
書面允許外，不得在任何地區，以任何方式，任何
文字翻印、仿製或轉載本書文字或圖表。

國際統一書號 (ISBN)：978-988-237-294-8

本書翻譯自 University of California Press 1969 年出版之
China: An Interpretive History, From the Beginnings to the Fall of Han，
由 University of California Press 授權出版。

出版：香港中文大學出版社
　　　香港 新界 沙田·香港中文大學
　　　傳真：+852 2603 7355
　　　電郵：cup@cuhk.edu.hk
　　　網址：cup.cuhk.edu.hk

China: An Interpretive History, From the Beginnings to the Fall of Han (in Chinese)
By Joseph R. Levenson and Franz Schurmann
Translated by Madeleine Y. Dong

Preface © Thomas Levenson 2023
Traditional Chinese edition © The Chinese University of Hong Kong 2024
All Rights Reserved.

ISBN: 978-988-237-294-8

China: An Interpretive History, From the Beginnings to the Fall of Han by Joseph R. Levenson
and Franz Schurmann was published in English by the University of California Press.

© 1969 The Regents of the University of California
This translation is published by arrangement with the University of California Press.

Published by The Chinese University of Hong Kong Press
　　　The Chinese University of Hong Kong
　　　Sha Tin, N.T., Hong Kong
　　　Fax: +852 2603 7355
　　　Email: cup@cuhk.edu.hk
　　　Website: cup.cuhk.edu.hk

Printed in Hong Kong

目 錄

「列文森文集」主編序

董玥（Madeleine Y. Dong）

約瑟夫・列文森（Joseph R. Levenson, 1920–1969）是20世紀西方最傑出和最有影響力的中國歷史學家之一。在20世紀中期，通過對梁啟超以及中國近現代歷史演變的思考，圍繞中西異同、現代化進程以及革命道路的選擇等問題，列文森有力地勾畫了一系列核心議題，對現代中國的政治制度和思想文化的詮釋發揮了重大作用。列文森非凡的創造力、橫貫東西的博學、敏銳的問題意識、優雅獨特的語言風格，以及對於歷史寫作的誠實和熱忱，為他贏得了人們長久的敬重。

一直到上世紀80、90年代，列文森仍然在故友圈子中被不時提起。然而他在西方中國學領域中的聲名，到了20世紀末期，卻似乎逐漸淡去。現在人們提起列文森，往往立即聯繫到他因翻船事故不幸在48歲英年早逝的往事。列文森離世如此之早，如此突然：他在前一天還在講台上講課或在系裏與同事和學生交談，才情洋溢，帶著愉快的微笑，令人如沐春風，第二天就永遠地離開了。他如此富有創造力的人生戛然而止，這一悲劇震

動了當時的學界，也使得其後人們在提到他的時候，不由產生一種凝重的靜默。列文森的著作，儘管高山仰止，能夠讀懂的人卻並不多。他的難解，加上周遭人們心情的肅穆，使得人們在爭論與探究時不再經常徵引他的著作。久而久之，列文森的作品也就淡出了西方顯學的書目。然而即使如此，他的影響力卻從未真正消失。我們在中國近現代史領域諸多重要研究中，都可以清晰地見到列文森思想的印痕，這是因為許多年輕學者在不知不覺之中，走上了他為後學開闢的路。

列文森在上世紀50、60年代思考中國歷史時，中國在很大程度上與世界大部分地區相隔絕，但是他從來都相信中國會以自己的方式重新進入現代世界。列文森所提出的主要課題——現代中國與其前現代的過往之間的關係、中國與世界之間的關係——迄無公認的答案或結論，直至今天仍然持續引發熱烈的討論，這些討論甚至比他在世時更為重要，而列文森思考這些問題的方式仍然有其活躍的生命力，他在思想史上的創構也不可取代。列文森過世十年後，他的老師學生、同窗同事出版了一部紀念文集《列文森：莫扎特式的史學家》(The Mozartian Historian: Essays on the Works of Joseph R. Levenson)，他們在〈編者導言〉中的評價今天看來仍然適用：「我們激勵自我與他人去進一步探索列文森極富新意、極富人情地研究過的人類和歷史問題，我們覺得這既合乎智識上的需求，也是道義職責所在。他提出的疑問、他追索的主題，是持久性的，帶著普世的關懷。他的寫作傳遞給當時人與後世一個信息，就是我們不應該讓這些曾經熱切的關懷消逝

在『博物館的沉寂』中。」我們在21世紀閱讀列文森，不妨重新體會他在學術上寬闊的視野、對知識的興奮、對思想真正開放的擁抱，以及探索艱深問題的勇氣和堅定。而中國讀者對列文森的解讀尤其具有必要的中介作用，能夠喚起21世紀讀者的想像力，激起關於中國近現代史的新的討論。「列文森文集」中文版的出版，對中國和西方的歷史研究者來說，都將是一個寶貴的機會，可以在這套文本的基礎上，進行一場更為深入的關於列文森的嚴肅對話。

列文森一生著述豐厚，在大量文章和書籍章節之中，他的核心著作有如下幾種，均收入本文集：《梁啟超與近代中國思想》(*Liang Ch'i-ch'ao and the Mind of Modern China*)、《儒家中國及其現代命運：三部曲》(*Confucian China and Its Modern Fate: A Trilogy*)，以及在他去世後出版的《革命與世界主義：西方戲劇與中國歷史舞台》(*Revolution and Cosmopolitanism: The Western Stage and the Chinese Stages*)。列文森計劃繼《儒家中國》之後寫作第二個三部曲，但是未得完成。《革命與世界主義》只是這個新計劃中第三卷的一小部分，是列文森於1966至1967年在香港休學術假期間完成的，1968年他為在北伊利諾伊大學的演講準備了講稿，這本書便是根據他的遺稿整理出版。列文森還與舒扶瀾 (Franz Schurmann) 合作書寫了一部中國歷史教科書 ——《詮釋中國史：從源起到漢亡》(*China: An Interpretive History, From the Beginning to the Fall of Han*)，亦在他去世後出版。此書似乎是一個更大的項目的初始部分，只從上古歷史講到漢末。從列文森留下的資料看，

原本應該還有後續。那時的考古資料和可見的史料都遠不及今天豐富，但是書中所展示的思考歷史的方式即使在今天看來也非常有啟發意義。

在上述四本書之外，本文集另收入前述紀念文集《列文森：莫扎特式的史學家》。書中首次刊發列文森本人的一篇重要遺作〈猶太身分的選擇〉（"The Choice of Jewish Identity"），除此之外的主要內容來源於一次紀念列文森的學術討論會，作者們從各自的角度對列文森的著作評價不一，反映出的並非是關於列文森的「權威論定」，而是當時北美中國歷史學界以及這些學者各自關注的問題，其中既有理解，亦有誤解。此書不僅能為讀者理解列文森的研究和學說提供一個學術背景，在瞭解列文森對中國史研究領域的衝擊以及這個領域在美國的發展上亦有其獨特的價值。

列文森關於梁啟超的專著由中央研究院近代史研究所張力首先譯成中文，於1978年以《梁啟超》為名在台灣出版；同一本書後由劉偉、劉麗、姜鐵軍翻譯為《梁啟超與中國近代思想》，作為「走向未來叢書」的一種，於1986年在四川人民出版社出版。此次收入本文集的是由盛韻博士重新翻譯的完整版，書名改為《梁啟超與近代中國思想》。《儒家中國》三部曲最早由鄭大華和任菁譯成中文，以《儒教中國及其現代命運》為題於2000年初次出版。本文集所收譯本由劉文楠博士重新全文翻譯，書名改為《儒家中國及其現代命運：三部曲》。《詮釋中國史：從源起到漢亡》（董玥譯）、《革命與世界主義：西方戲劇與中國歷史舞台》（董

玥、蕭知緯譯)，以及《列文森：莫扎特式的史學家》(曾小順、
張平譯) 都是首次以中文與讀者見面。

　　關於列文森所生活的時代與他的思考之間的關係，以及對他
的著述和思想比較深入的分析，請見書後導讀〈在21世紀閱讀列
文森：跨時空的對話〉。

2023年1月

漫長的回家之路

托馬斯・列文森 (Thomas Levenson)

一、老虎,老虎!

這是我對中國最早的記憶:爸爸辦公室三面牆都是書,瀰漫著煙斗的味道。即使在半個多世紀後的今天,當我在家裏翻開其中一本書,總感覺仍然可以聞到一絲當年的煙味。

我心中最早的中國還伴隨著野獸——其實就是一隻做成虎皮地毯的老虎,當然還帶著巨大的虎頭。每當六歲的我走進那間辦公室,都會膽戰心驚地盯著它黃色玻璃般錚亮的眼睛,和那些可怕的牙齒,好像隨時會被它一口吞掉。

這塊虎皮地毯鋪在加州大學伯克利分校那位歷史學家的辦公室裏。它背後還有個故事。總是有故事的:爸爸的人生就是在物質體驗的瞬間發現意義。那老虎是我外祖父獵回的三隻老虎之一——他送給三個孩子每人一隻大貓。我媽不喜歡,不願把它擺在家裏,所以她丈夫就帶到上班的地方,解決了問題。

爸爸待人接物總有一絲腼腆,同時又是個引人注目的人物,

所以訪客進他辦公室時多少都有點敬畏。這就是為何他把虎皮擺成那樣——虎頭剛好落在開門的弧線之外。有些緊張的客人過分在意坐在書桌後的那位先生，往往會忽視地板上潛伏的危險，被虎頭絆到。爸爸就會順勢聊起他那神槍手岳父（不是個好惹的人），如何悄悄接近他的獵物，一、二、三……氣氛融洽起來，訪客大笑，開口提問，討論漫長而複雜的中國歷史。於是就這樣開場：一段對話，一曲智性之舞，與我的父親約瑟夫·里奇蒙·列文森一起思考中國。

二、爸爸的玩笑

爸爸喜歡玩文字遊戲，忍不住要講雙關語，經常跨越兩三種語言，發明一些讓人哭笑不得的笑話。他把這種文字中的遊戲感，把從中挖掘每一絲意義（還有幽默）的純粹的快樂帶到了我們家的日常生活中。每天晚上，他都會哄我和弟弟睡覺。他盯著我們上床，蓋好被子，關上燈。然後是講故事的時間。這是爸爸的天賦，（現在回想起來）也許是他引以自豪的一件事：他從不給我們讀尋常的兒童讀物。每個故事都是他自己編的，用一個又一個懸念吸引我們，經常要花幾個晚上才能講完。我們有個規矩：每天晚上都要以雙關語結束。（讓我難過的是，現在真的記不清這些故事了，只記得有個故事源自日本民間傳說，結尾用了美國1930年代的俚語，編了一個曲裏拐彎的笑話，今時今日根本無法理解。）

但雙關語和文字遊戲並不只是用來逗孩子的語言玩具。他去

世的時候，我只有十歲，還沒有從他教我的東西裏學到多少（或者說任何）深層次的教益。父親過世後，我把讀他的書作為瞭解他的一種方式，多年後才體會到，這種文字戲法是他作品的核心，幾乎成了一種信條：他在《儒家中國及其現代命運：三部曲》中寫道，「在時間之流中，詞語的意思不會固定不變」。琢磨一個詞或短語中多變的意義，給了爸爸一把精神上的刀子，用它來剖析的不是思想（thoughts）——那不過是學校裏的老師試圖固化的對象——而是思維（thinking），是想法產生和演化的動態過程。

當我在大學第一年終於讀完《儒家中國》三部曲時，我開始明白爸爸的目標究竟是什麼（那一年我選了哈佛大學的東亞歷史入門課，那也是爸爸的博士導師費正清〔John Fairbank〕主講該課的最後一年）。在書中〈理論與歷史〉一章，爸爸用有點自嘲的幽默開頭，承認他揭示主題太過緩慢，但他保證確實有一個觀點，「等著人們（如讀者）去釋放」。這是用婉轉的方式來感謝一直堅持讀到這裏的人，但也能讓讀者有所準備，提醒他們得費多大的力氣才能把自己的觀點弄明白。他寫道：「我們可以把人類史冊中的某件事描述為在歷史上（真的）有意義，或者（僅僅）在歷史上有意義。」同一個詞，兩層涵義：「區別在於，前者是經驗判斷，斷定它在當時富有成果，而後者是規範判斷，斷定它在當下貧乏無味。」

作為他的兒子，突然遭遇約瑟夫·列文森成熟的思想，讀到像這樣的一段話，一方面被激起了單純的興奮——嘗試一種新的理解歷史的方式，不把它視為典範或說教，對我是一次至關重要的啟迪，另一方面也喚起了我與爸爸之間的某種聯繫，而這

是我在更年幼的時候無法領會的。接下去，他進一步論述道：
「『歷史意義』一詞的歧義是一種美德，而非缺陷。抵制分類學式
對準確的熱衷（拘泥字面意思的人那種堅持一個詞只能對應一個
概念的局促態度），是對歷史學家思想和道德的雙重要求。」

「道德的要求」。近 50 年後，我仍然記得第一次讀到這句話
的感受。對於一個聽睡前故事的孩子來說，讓詞語的這個意義和
那個意義打架，不過使故事變得滑稽、精彩、出乎意料。僅僅幾
年後，堅持把嚴肅對待語言的多能性（pluripotency）當作道德義
務，就成為一種啟示。在接近成年的邊緣接觸到這一點，真正改
變了我的生活——首先是讓我想成為一名作家，因為我愛上了
爸爸這樣或那樣變換文字的方式。這看起來非常有趣，而且確實
有趣。但往深了說，試著去理解人們為什麼這樣想、這樣認為、
這樣做，對我來說（我相信對爸爸來說也是如此），已經變成盡力
過一種良好生活的途徑。

也就是說：爸爸的歷史研究，背後有一種按捺不住的衝動，
就是要讓另外一個時空變得可以理解，這是一種歷史學家版本的
黃金法則。對爸爸來說，嚴肅對待過去意味著完全同樣嚴肅地對
待當下——因此必須做出道德判斷，「現身表態和有所持守」。
這是給困惑中的學者的指引——非常好的指引，在作為兒子的
我眼中，甚至是至關重要；同時，它也是生活的試金石：在評價
之時，意識到我們可能會看到的差異：既存在於我們與之共享此
時此地的人民、國家或文化中，也存在於那些我們可能想要探索
的種種歷史之中。認識到這些差異對於生活在與我們不同的文化

或時代中的人來說是合情合理的；對於生活在這裏和現在的我們來說什麼是重要的(有一天也會有試圖理解我們的思想和行動的他人來評價)。什麼是生命的善，我們的任務是「保持真誠(即把真作為追求的目標)，即使真理不可知」。[1]

以上這些，是我和爸爸朝夕相處的十年中，從他自娛自樂和逗全家開心的語言雜技中聽來的嗎？當然不是。與約瑟夫‧列文森共度的歲月為我鋪墊了日後的這些教益嗎？

哦，是的。

三、漫長的回家之路

1968年，爸爸告訴一位採訪者，為什麼當初決定專門研究中國問題，而不是像1930、1940年代美國以歷史學為職志的學生那樣，致力於其他更為常見的歷史學分支。他說：「在中國歷史中有很大的開放空間，有希望能找到漫長的回家之路。」

我理解他所謂的「開放空間」。爸爸1941年剛剛踏上求知之旅時，學術性的中國研究在美國屬於寥寥數人的領地，兩隻手就能數過來。人們想問任何問題都可以。爸爸對人滿為患的美國史或歐洲史沒有興趣，他發現那些領域裏盡是些「圍繞細枝末節

1　上述引文均出自Joseph R. Levenson, *Confucian China and Its Modern Fate: A Trilogy*, Berkeley: University of California Press, 1968, vol. 3, pp. 85–92。

或者修正主義問題而產生〔的〕惡意爭論」。[2]正如這套文集所證明的，他充分利用了所有思想空間，在其中肆意漫遊。他處理大問題，那些他認為在中國歷史和人類歷史中十分重要的問題，從中獲得極大樂趣。

但是，「漫長的回家之路」指的是什麼呢？在尋求爸爸的真相時，雖然無法獲知全貌，但我認為爸爸對他的目的地至少有幾個不同的想法。當然，中國歷史和美國的1950、1960年代之間確實能找到相似之處，而爸爸就是在後一個時空語境中進行思考的。例如，在爸爸的寫作中很容易發現，在苦思中國歷史中那些看似遙遠的問題時，那曾讓他的導師費正清不勝其擾、還險些砸了他自己在加州大學的飯碗的麥卡錫主義，無疑在腦海中佔據了非常重要的位置。

但我想，當下之事與過去之事間存在的某些共鳴，並不是爸爸真正在思考的東西。作為一個外國人，一個美國人，他可以在中國找到一條道路，清楚地看到歷史情境的動態變化，這些動態變化也迴響在別處、在離(他)家更近的歷史之中。他堅持走一條漫長的路，路的另一頭是與他自己的歷史時刻相隔數百年、相距數千里的儒家學者生活中的點點滴滴。要如何理解他的這一堅持呢？從最寬泛的角度說，審視中國讓他得以思考可以被帶入他與中國之對話中的一切，包括但不限於他自己的特定歷史時刻。

2　上述引文出自Angus McDonald, Jr., "The Historian's Quest," *The Mozartian Historian: Essays on the Works of Joseph R. Levenson*, ed. Maurice Meisner and Rhoads Murphey, Berkeley: University of California Press, 1976, p. 77。

　　那也許是爸爸希望與他相同專業的採訪者注意到的一點。但在家裏，他實際的家，他與一隻狗、四隻貓、四個孩子和妻子共同的家，他那漫長的回家之旅中還有其他站點。最重要的是，猶太教是爸爸的身分中不可化約的核心元素；宗教認同交織於他的整個智性生活和情感生活之中。但是，身為一個在1960年代伯克利生活的猶太人，在那個年代那個地方，試圖把孩子們引入猶太教的實踐、儀式和一整套傳統，這給他帶來的挑戰，與他在中國的經驗中所讀到的非常相似。

　　爸爸的成長過程沒有遇到過這樣的障礙。他在二戰前長大，那時大屠殺還沒有框限猶太人的身分認同。他的祖輩是來自東歐的移民，此地後來成為美國人對「正宗」猶太經歷的刻板印象（這種印象忽略了整個塞法迪猶太人，或者說猶太人在南方的傳承）。爸爸由奶奶在嚴守教規的正統猶太教家庭撫養長大，終其一生，他都在熱切研習猶太教文本與習俗，並且頗有心得。

　　他自己的四個孩子對猶太生活有非常不同的體驗。我們在家裏不吃豬肉或貝類，幾乎從不把牛奶和肉混在一起，這些規矩僅僅是對爸爸在成長過程中所瞭解的精微的猶太飲食習慣略表尊重。我們參加了本地的正統猶太教會堂，但在大部分時間裏，宗教對家裏其他人來說都只扮演著非常次要的角色。除了一個例外，那就是每週五的晚餐，即安息日的開始：我們總是點亮蠟燭，對著酒和麵包禱告，在餐廳而不是廚房吃飯，因為這才符合應有的慶典感。

　　那些安息日的夜晚對我爸爸來說充滿了意義。然而，儘管我們家是猶太人這一點從無疑問，但我和兄弟姐妹並不完全清楚，

猶太人除了是一個帶限定詞的美國身分，還意味著什麼。其他族裔可能是德裔美國人、英裔美國人、亞裔美國人，而我們是，或者可以是猶太裔美國人。當然，爸爸在世的時候，我覺得大多數猶太會堂的儀式都很乏味。家庭活動挺有意思，但歸根結底，猶太身分對我來說最重要的意義是，它是爸爸的一部分，因此也是我們這個家庭的一部分。他去世後，猶太教成了要疏遠的東西。在我們家成為猶太人，就是認識到它對爸爸的意義，那麼，當他不在了，當他離我們而去了，還可能留下什麼？

有些東西確實留下了。我也開始了自己漫長的回家之旅，這部分始於讀到爸爸的一篇關於猶太教的未完成的文章，是他去世後在他書桌上發現的。這是一篇內容厚重的文章，但我所需要的一切都在標題中：「猶太身分的選擇」。選擇──成為猶太人的方式是可以選擇的──這個想法就是一種解放。對我來說，它使我有可能回歸到一種並不以虔誠地遵循儀式為核心，而是以先知彌迦的律令為核心的猶太教：「行公義，好良善」──或者像爸爸在引述〈申命記〉時所寫的，「在生命中做出良好的選擇無異於選擇生命自身」，正如他在同一頁所說，這是「良善而充分的」。[3]

對爸爸來說，猶太身分的選擇與他自己童年的信仰實踐關涉很深，遠遠超過我──這也難怪，因為與我們相比，他早年的生活太不一樣了。但毫無疑問，爸爸對中國有如此深入的思考，其中一個原因就是他自己在這個問題上的掙扎：當身為猶太人的很

3　　Joseph R. Levenson, "The Choice of Jewish Identity," *The Mozartian Historian*, p. 192.

多東西（甚至在自己家裏！）已經被歷史不可逆轉地改變，為什麼還要做猶太人？換言之，無論對「現代」的定義有多少爭議，現代性對每個人都有要求，爸爸在工作和日常生活中一直要與之纏鬥。

那就是他所走過的漫漫回家路——在他的著作中，大部分時候是隱在字裏行間的潛台詞。但至少有一次它浮出水面——在《儒家中國》三部曲的最後一段。在用三卷的篇幅橫貫了中國廣闊的開放空間之後，他以一個來自猶太傳統核心的寓言收尾。很久以前，一位偉大的聖人舉行了一場精心設計的儀式，以確保他所尋求的東西得以實現。在後繼的每一代人中，這個儀式的某個步驟都遺失了，直到最後只剩下這個：「我們能講出這個故事：它是怎麼做的」。[4]

正如我在這裏所做的。

四、空著的椅子

時間是流動的還是停頓的？這是一個有關連續與變化之爭的古老辯題，長期讓歷史學家糾結。但對我們家來説，這不是什麼問題。1969年4月6日是不可逆轉的時刻，一切都改變了。那天之前：毫無疑問爸爸一直都在。那天之後：他走了，或者説，自那之後成為一個持續缺席的存在，家中每個人在與他對話時，他都是沉默的另一半。

4　Levenson, *Confucian China and Its Modern Fate*, vol. 3, p. 125.

對約瑟夫・列文森的記憶，是生活中一個複雜的饋贈。毫無疑問，他對所有的孩子都有影響。我的兄弟和姐姐會以各自不同的方式講述他們和爸爸之間的聯繫，但可以很清楚地看到，他對我們都有影響。

例如，爸爸總想在看似完全不相干的現象之間找到聯繫。這種在時間和空間上的跳躍，會將爸爸從德國學者對俄國沙皇君主制的研究，帶到太平天國獨裁者對儒家思想的拒斥。[5]無論是出於何種天性和教養的煉金術，我的哥哥理查德（Richard），一位研究生物醫學的科學家，在這類「腦力雜技」上展現了同樣的天賦（儘管他的學科與爸爸遙不相關），他也繼承了爸爸對文字遊戲的熱愛，在其中加了點東西，完全屬於他自己的東西。

爸爸是一個頗有天賦的音樂家，曾考慮過以鋼琴家為業。他最終選擇入讀大學而不是音樂學院，但在此後的人生中，演奏和聆聽音樂都是他心頭所愛。我覺得他作品中思想和行文間的音樂性不太被注意，但確實存在，處於作品的核心。大聲朗讀他的句子，你會聽到音調、音色，以及最重要的——節奏，所有這些都塑造了他試圖傳達的意義。我姐姐艾琳（Irene）是爸爸在音樂上的繼承人。她走上了他沒有選擇的道路，成為一名職業音樂家。她從童年時代就彈奏爸爸那架非同尋常的三角鋼琴，最終彈得比他更出色，並以音樂理論教授為職業長達40年，爸爸創造的音樂之家的記憶留下了迴響，至少在我看來是這樣。

5　Ibid., vol. 2, p. 100.

約瑟夫・列文森懷抱中的幼年托馬斯
（照片由本文作者提供）

　　我的弟弟里奧（Leo）過著與爸爸截然不同的職業生活。他一直是公務員，主要在舊金山市服務。但爸爸與他的聯繫也依然存在（同樣，這是我的視角，也有可能是強加的外在印象）。聯繫之一是他們同樣獻身於猶太社群生活。但我覺得更重要的是另一層聯繫：我弟弟選擇在政府機構工作，效力於良治的理想。這聽來就像是爸爸致力於分析的那種儒家倫理的某種回聲——我也覺得是這樣。影響的蹤跡捉摸不定。有時它是直接的，有時必須在「押韻」的人生中尋找——就像在這裏。

　　那麼我呢？爸爸的影響是明確的、持續的，有時是決定性的。我上大學時的目標是學到足夠多關於中國的知識，這樣才有能力讀懂他的作品。這讓我選擇唸東亞史，然後成為一名記者，先後去日本和中國工作。作為一名作家，我起初發現自己試圖模仿爸爸華麗的文風——這是個錯誤。正如爸爸所寫的，「語氣很

重要」，我需要通過模仿他的風格來摸索自己的風格。不過，在另一方面，我更為成功。我在他的歷史觀（他堅持有節制的、縝密的相對主義）中發現了一種極為有力的工具，來推動自己的研究興趣，探索科學和科學研究與其所處的社會之間的相互作用。當我寫作時，爸爸的文字在我腦海中響起，這大大豐富了我的創作，讓我寫出更好的作品，如果沒有他，我的寫作不可能有現在的成績。

不過，正如我在上文提到的，帶著對約瑟夫・列文森的記憶生活是件複雜的事，過去這樣，現在依然如此。我所做的每一個選擇都關閉了其他選項。（當然，對我的兄弟姐妹來說也是如此。）回顧沒有他的半個多世紀，我很清楚，如果爸爸還活著，所有那些沒走過的路可能會顯得更加誘人，通往全然不同的一系列體驗。

這並不是在抱怨。在我所度過的人生中，我十分幸運，即便50多年前那場可怕的事故帶走了爸爸也改變了我們一家。生而為約瑟夫・列文森的兒子，我接觸到趣味無窮的想法，引人入勝的工作，凡此種種。但是，拋開他的死亡帶來的悲痛，仍然有個問題：我追隨了與他之間的聯繫，與此同時，我錯失的事情和想法又是什麼呢？我想這是一個列文森式的問題，很像他對中國思想者提出的那些，他們對一種思想的肯定不可避免會導致對其他思想的拒斥。無論如何，這是一個不可能回答的問題——個人的歷史無法重來，也沒有實驗對照組。但我仍會時不時想到，在1969年那個春天的下午之後就變得不再可能的種種可能。

五、回憶與追思

爸爸在《革命與世界主義》這部遺作中寫道：「長久以來，人們一直在思考『歷史』一詞的歧義，至少在英語中是這樣：人們行動的記錄，和人們書寫的記錄。」[6] 用列文森的相對主義精神看，那本書的語言是十足的他那個時代的語言，也是對那個歷史時刻的標誌與衡量（「人們」這個詞用的是「men」，而不是「humans」）。他那本書是在創造歷史 —— 某種東西被創造出來，某個行動完成了，自有後來的讀者去評價和解讀。你現在讀到的這篇文章則是在書寫歷史，而非創造歷史：一個事後去捕捉爸爸人生真相的嘗試。它必然是不完整的 —— 正如爸爸將「行動」與「書寫」並列時所暗示的那樣。

這裏還有一點。到目前為止，我幾乎沒有提到羅斯瑪麗・列文森（Rosemary Levenson）—— 他的妻子和我們的媽媽 —— 儘管她的存在總是縈繞著對爸爸的追思。與他共度的 20 年自然是她一生中最幸福、最完滿的時光。當然，他們的婚姻畢竟是凡人的婚姻，也就是說，並非沒有起伏。就像那個時代的太多女性一樣，她讓自己的專業能力和追求屈從於爸爸的事業，這並不總是一個容易接受的妥協。但他們的情誼 —— 他們的愛 —— 對他們倆都至關重要。媽媽是爸爸作品的第一個編輯，也是最好的編

6　Joseph R. Levenson, *Revolution and Cosmopolitanism: The Western Stage and the Chinese Stages*, Berkeley: University of California Press, 1971, p. 1.

輯，是他新想法的反饋板；在爸爸的整個職業生涯中他們形影不離。爸爸他去世時，喪夫之痛原本可能會徹底吞噬她，但她挺了下來，也撐住了整個家庭，以近乎英雄的方式。但所有這些都是他們共同創造的。如果要寫，也幾乎只對那些認識他們倆的人才具有歷史意義。

爸爸公開的歷史被切斷了，如同一個想法戛然而止，一句話沒有説完。他最後的著作沒有完成，那只是一個片段，屬於一部遠比這宏大的作品。他從沒去過香港以外的中國國土。他就像尼波山上的摩西——他決不會傲慢到做這樣的類比，但作為他的兒子，就讓我來替他這麼説吧——被允許看到應許之地，卻無法去那裏。原因就在於被創造的歷史：1949 年中華人民共和國成立，對他和幾乎所有美國人關閉了通往中國的大門，而在大門重開之前僅僅幾年，他去世了。可以説，一張虎皮地毯和一間煙霧彌漫、被書牆包圍的辦公室，不只是他年幼兒子的中國，也是他的中國。

爸爸從沒能踏足那個讓他魂牽夢縈的地方，這令我到今天都很難過。但是，這套最新的「列文森文集」中文版，終於能以他所書寫的那個文明的語言呈現，在某種意義上，約瑟夫・列文森終於走完了那條漫長的回家之路。爸爸所寫的歷史如今能為中國和世界將要創造的歷史提供啟迪。作為他的兒子，作為他的讀者，我非常高興。

2023 年 1 月 22 日

（劉文楠 譯）

憶吾友

舒扶瀾（Franz Schurmann）

1969年4月6日，我的朋友約瑟夫·列文森在北加州的俄羅 v
斯河（Russian River）溺水身亡。

當一個朋友還活著，我們只看到他的若干部分。只有當他永
遠地離去了，這些部分才在一個整體的人身上聚合起來。閱讀這
本書的清樣時，看到約瑟夫的印跡貫穿全書，我才第一次意識到
他追求的到底是什麼。在他的人生中，約瑟夫是人類的一員，一
個知識人，一個愛與友誼的施與者，一個猶太教的信徒，一個珍
惜美與社群的人，而中國的歷史就是他自己生命的一個類比。他
在中國所看到的不是帶有延續性的變化，而是極度的多樣性，一
次又一次地將中國重構成統一的整體。對於約瑟夫來說，中國不
是我們領域慣常認為的儒學的勝利，中國也不是我所認為的各種
力量最終制度化的結果。他認為儒學這一威權制度所供奉的社會
責任的信條，與道家朝向自我的無政府主義有著尖銳的對立。這
些不同的信條及其信奉者在中國幾千年的歷史中並非和睦共處。
他們彼此爭鬥，有時還很血腥。但是，通過各種方式，從這些衝

中卻產生了調和（syncretism）的精神。儒家和道家，以及其他相互衝突的流派，並沒有彼此讓步，也沒有學會和平相處。使調和成為可能的是中國人的意識、智識，以及最重要的一點——人類之仁義（humankindness）。他們在古代就已經認識到，人有諸多需求、諸多部分。如果一部分遮覆了其他部分或者發育不良，那麼陰陽之間的辯證就會以和平或暴力的方式改變各種力量之間的勢態。但是和諧，這隻看不見的手，卻不曾停止操作。

約瑟夫對中國進行思考的學術生涯，始於對儒學衰落及其被革命的信條取代這一過程的探究。此後他開始審視當代中國，注意到多樣性（「區域性」）的重現。當我們開始醞釀這本關於中國歷史的書時，在歷史的材料中注入了各自在生活中所應對的問題。這些問題是不同的，但是中國這個國家與其歷史是如此豐富，為我們所有的問題提供了足夠的類比。正如這本書中所展現的，調和的精神越來越讓約瑟夫著迷。

如同中國這個國家及歷史之豐富，約瑟夫作為一個人也擁有多重部分。在生活與思想中，他所作的奮鬥超乎我們的意料，他開始實現一種調和。當他把書寫出來的時候，他自己生活與思想的調和或許也得以發展。

如今獨剩一人，我能給予讀者的只是這一本小書。但是，如果我們細讀約瑟夫這些年來所寫下的文字，或許能夠在思考中完成他在生前未竟之業。

1969 年 5 月

序 言

在一份為西方學生設計的歷史課教程裏，中國應該意味著什
麼？以前的觀點看上去似乎是這樣：關於中國的知識有其價值，
它明顯不是學生關注的重點，但具有異國風情的小刺激 (exotic
fillip) 的價值。近來的看法似乎更有道理，其重點轉移到了中國
是世界事務中的一個重要區域 —— 人們尋求這個區域的知識，
因為它在政治上對於西方人的命運很重要。

這兩個觀點看上去差別很大，但都是自我中心的，二者都
是以中國研究 (Chinese Studies) 如何裝飾西方文化或如何影響西
方的政治生存，來衡量這一領域的價值。中國歷史內在的思想
旨趣通常被忽視。但是，中國，不論古代還是現代，都遠不止
是異國風情，也遠不止是一個我們需要考慮的政治因素 (雖然它
確實是)；作為一個區域，中國歷史所提出的問題具有最廣泛的
思想意義。如果我們真正言行一致，要去探知現代世界的所有
面向，並且在道德上和思想上認識到歐美歷史並非人類歷史的
全部，那麼就應該為了中國歷史所具有的普世意義去研究它，

而不是僅僅因為它與我們所處的世界在政治上或文化上的需求相關聯。

　　於是我們抱著如下信念寫了這本書：中國歷史既非西方學生的知識花邊，也不僅僅是被現代世界不幸逐漸增加的複雜性強壓給合格公民的一門學科。相反，它真實地、有機地參與著現代知識的構成。中國的材料超越了區域的界限，屬於真正普世的認知世界。

　　為了能夠實踐這一信念，我們寫的這本書作為歷史文本大概是不合常規的。我們保留了時序原則——歷史學研究的畢竟是單線時間中的過程——但把重點放在研究的思想內容上，而非「區域」知識的積累。我們試圖讓歷史學習成為深化思想複雜性的過程，而不是隨時間和頁碼增加而拉長數據清單的過程。本書不是根據一個又一個時日、一個又一個朝代的時序原則編織出來的。不同的朝代因時而至，但我們並不是簡單地把新材料附加在新的時間斷口上；相反，當時間之弧線增長，我們會提出更加複雜的總體性問題，前面討論過的材料也會不斷被重新述及。因此，對於那些依時序積累的資料來說，每章的「背景」部分相當於為學生提供了筆記。在「引申」部分，入於材料之中又出於材料之外，我們提出思想問題的定義，這些問題至少部分程度上是從事研究所要追尋的目的，但學生們卻常常因為被手段分散了全部注意力而未能加以思考。這些或許可以成為一門課的核心；通過這些問題，那些並非專門研究中國的教師也可以把自己在專研領域裏的學術訓練變得真正相關（而非毫不相關，只能試圖利用區

域性的信息）。他確實會有可以補充的東西 ——擁有指導者的成熟 ——而非僅僅覺得是在依靠佈置給學生閱讀的異域歷史細節的匯集來教學。而中國研究專家或許也會歡迎這樣一個機會，將他們的論題展現為複調的系列問題，或許有可能把學生從被動的聽眾變成對教師們的專業知識具備探索性和創造性的使用者。

鳴謝

感謝以下人士和出版社許可我們引用原文：*

Mr. M. B. Yeats, the Macmillan Companies of Canada and London, and Macmillan & Co., Inc., New York, to quote on p. 52 from "The Scholars" in *The Collected Poems of W. B. Yeats* (1959).

George Allen & Unwin Ltd., London, to quote on p. 52 from *The Book of Songs*, trans. by Arthur Waley (1937).

Harvard University Press, Cambridge, Mass., to quote on p. 52 from Ezra Pound, *The Classic Anthology by Confucius* (1954).

Alfred A. Knopf, Inc., New York, to quote on p. 114 from *Chinese Poems,* trans. by Arthur Waley (1964).

---

* 譯註：下列頁碼為英文原書頁碼，即本書邊碼。

序 曲

「北京人」
（北京直立人）

1926年夏初，距北京城西南37英里處＊，在河北省的一個山 1
洞裏發現了兩顆人類的牙齒。到1929年，由相關地帶的一系列
發現可以確認，在40萬年前的舊石器時代，中國已存在人類。
一同被發現的有骨頭（包括一個完整的顱骨）和動物化石，以及
粗糙的、未經標準化或隨手製成的石器（1920年曾發現舊石器
時代的工具，雖然那時沒有發現人類遺骨）。這個舊石器時代文
化與歐洲洪積世或冰川期晚期的莫斯特（Mousterian）及奧瑞納
（Aurignacian）舊石器文化具有可類比性。

在人類進化的尺度上，「北京人」晚於爪哇猿人（Pithecanthropus
erectus），但早於尼安德特人（Neanderthals）。

～

這些信息似乎為我們開始講述中國歷史提供了一個輕鬆而沒
有爭議的方式：開端。但是這個論題和下一個論題向我們提出了

＊　譯註：約60公里。

挑戰。在「背景」這部分，我們記述了一個鮮有人置疑的關於過
去的事實，一個真實的東西。但這些是無可置疑的「歷史」嗎？
在第一章的「背景」部分，我們會討論「神話」，會講到一些非事
實的東西，它們在文字上是虛假的。那麼，它們就一定是無可置
疑的「非歷史」的嗎？在「引申」部分及後面的討論中，我們提議，
必須用一種思維方式，即歷史的視角，去「侵入」史料，才能回
答上面這些問題。歷史既不是「事實」的接收器，也不是「虛構」
的驅除劑。

閱讀材料

Fairservis, Water A., Jr. *The Origins of Oriental Civilization*. New York: Mentor Books, 1959.

歷史與文化延續性

在人類存在之前，地質運動在時間之流中進行著創造活動。這是否是歷史？如果有什麼東西能夠給予這些地質運動以歷史感，那就是人類最終出現在這個地質環境中這一事實，而人類的生活是以地質年代所發生的事情為條件的。如果人類（唯一擁有歷史知識的存在）想要把流逝的時間看作「歷史性的」，那麼在某一個時刻，文化必須出現在自然環境中，「地球」必須變成「世界」。

但是，當個體文化仍未區分出來的時候，抽象意義上的人是否僅僅作為普世的人就擁有一種歷史？如果文化的連續性對於歷史性的理解是不可或缺的，那麼「史前人」這一說法就是正確的；如果完全沒有美感、文字、風格和書寫工具——那些把一群人同另一群人區分開來的文化成就（比如，中國的）——那麼就無法追蹤連續性，人類就不會比其所源出的動物擁有更多的歷史。生物進化就是生物性的，不是歷史性的，沒有任何東西能讓「北京人」在其自身的意義上成為中國歷史中的一個人物。他就是進化階段中一個抽象意義上的人，沒有可見的、文化連續性的紐帶

3

讓他一直貫連到後來的中國人，眾多劃分出來的人類群體中獨自就能擁有歷史的人群。

然而，如同自己不發光卻因借陽光而發亮的月亮，「北京人」是被有了文化區分的人們通過歷史性的回視而賦予了歷史特性。「北京人」這個名字本身傳達了位置感，而這僅僅是因為真實的歷史後來在那裏以及更大範圍的中國發生了，「北京」這個名字難以避免地指向中國。如果沒有歷史的涉入，「北京」和「中國」這些概念是無法想像的。沒有歷史的涉入（而在「北京人」自己的時代，世界上仍然沒有歷史），這些原始人的遺骨只能屬於某一些無甚區別的地殼。

當現代的、歷史性的人給了這個原始人「北京人」的稱號時，他們就把他**創造**成了一個歷史性的人物。客觀地講，「北京人」並沒有開啟中國歷史；只是因為（很長時間以後）中國歷史確實開始了，「北京人」才被置於整個歷史的開端。在1920年代，很多中國人還有意識地浸潤於歷史性的中國文化中，帶著它的人道主義，它對家庭關係的珍視，這是為什麼他們對西方一個關於古生物學證據的解釋相當震驚或反感：這個解釋認為「北京人」有可能是食人的（而且可能是在他自己的家庭圈內部相食）。就我們所知道的和所能知道的，「北京人」沒有做過任何事情去啟動中國歷史。相反，是**那個歷史**本身，通過將「北京人」置於一個只能是歷史性地稱為「中國」的空間，通過暗示連續性必定是存在的，而給「北京人」加了個歷史性的身分。

第一章

中國的源起：神話

到公元4世紀，中國神話中起源人物的承繼序列就已經很完整了。主線如下：

盤古（開天闢地：從未居於中國政治或宗教思想的中心；他的神話並非起源於中國）。

三皇（伏羲、神農、黃帝；開創了狩獵、農業、家族姓氏）。

五帝（最後兩位是堯和舜）。

禹（夏朝的建立者，後人所稱道的「三代」——「古典時代」〔Classical Period〕——中的第一代）。

一位18世紀的中國文人（他自己並沒有做跨文化比較）筆下的這些人物展示了民間故事的規律：神話的講述者所處的時代越晚，他關於早而又早的時代講述的細節就會越多。因而，這個序列中表面上最早的人物，盤古，在文獻中出現得是最晚的（4世紀）；三皇，在神話的時序中是比較晚的，在文本中卻出現得較早（東漢，25–220）；年代更早的司馬遷（公元前149年–公元前90？年）在《史記》中只提到「五帝」；而最早的文本《書經》/《尚

書》(周，公元前1000年–公元前221年)，則只提到最後三位神
話中的聖王：堯、舜、禹。

〜

　幾段神話：

　到處可見的大洪水故事也有其中國版本。其中一個，是「黃
帝」(三皇中的最後一位)派他的女兒魃去治理洪水。她是旱神，
所到之處莊稼和動物全都死掉。「黃帝」為了挽回損失，把魃安置
在赤水——人類居住區與荒漠之地的分隔——以北。然後「黃
帝」又在地上重新播種，教人稼穡。

　在一個更有名的神話裏，洪水是被禹穿山疏水而制服的。
「微禹，吾其魚乎！」

　堯和舜(在三皇中，禹緊接其後)尤其為人們熟知：堯把王
位禪讓給了自己家族之外的人(他選擇了聖人而非血親)，舜則發
明了寫字的筆。

閱讀材料

Bodde, Derk. "Myths of Ancient China." *Mythologies of the Ancient World*,
　　ed. Samuel N. Kramer. New York: Doubleday Anchor Books, 1961.

引申

「神話」與「事實」的關係

　　當人們最開始意識到他們是一個文化社群的時候，便創造出　
關於過去的觀念，用來解釋他們如何成為今天的自己。他們關於
過去的觀念與現代的「外人」(outsiders)之間有何關係呢？是否這
麼說就足夠了：神話的創造者們只能猜測或重述對他們那些祖先
(自然是很幼稚的)的想像，而我們憑藉現代的科學探求技術則可
以更加接近「事實」？

　　如果我們對這個問題的回答是肯定的，那就毫無必要地把這
個問題變成了非此即彼、二選一的問題，等於說這兩套觀點只不
過是對同一套沉默數據的對立解釋。

　　但是，這些神話作為關於中國人起源的二手資料，無論怎樣
不合史實，它們仍然是極為重要的歷史資料，因為我們可以用來
理解寫下這些故事的人們的文化理念。這些神話為我們揭示了
後來的重述者如何改造它們，正是通過這一途徑，現代史學家方
能把早期歷史作為社會及思想發展的過程來理解，以及哪些人會
在、曾在傳統的中國歷史記錄中寫下**這些**神話故事。我們前面提

到那些把神話當作他們的歷史版本的人們是想解釋他們如何成為此時的自己。但是，他們是什麼呢？——不僅僅是人，而是帶著特定的文化視角的人。因而，在他們的神話裏，他們把自己的理念投射到過去的歷史之中；而我們現在則可以通過審視歷史來探詢這些無所不在的觀念的緣起。我們不能相信這些神話字面上告訴我們的事情是如何發生的。但是這些神話意指的是，遠古的過去具有某種特性，後來人就是用這樣一種(對我們來說)不易接受的方式描繪了這個特性。我們必須探詢的是，為什麼這些人要這樣做。歷史知識從來不會因為接觸到原始史料就自然產生。史料必須被質詢，被正確的問題所質詢。對於現代的研究來說，中國人的起源神話絕非不相干，它們恰好生動地提出了必定居於這一研究之中心地位的問題。

所以，現代的歷史學家知道，要最終理解和接受司馬遷《史記》這樣的原創性作品的出現——這部書在中華帝國早期(公元前206年至公元9年的西漢)賦予了很多上古故事其經典形式——就需要瞭解關於征服北方蠻荒之地的史詩，以及作為傳統中國文明之典型背景的定居農業社會生活的建立；他會看到，對水的控制與利用是一個複雜成熟的政府體系長期關注的問題，而荒漠與農田之間的敵對是中華文明一個固定的母題；他需要深思為什麼文學能力被認為具有無比的重要性，以及「美德」而不是「出身」在獲得政治權威過程中的社會功能。神話當中的聖王們正是代表了中華文明最典型的行為和最珍視的價值。為什麼這些行為和價值成為典型的、被珍視的，這是現代人問的問題；並

且，作為對遠古的書面記載，現代著作取代了傳統敘述。但是，
傳統敘述為現代的著作提供了適宜的主題，因而它會被複雜的、
更新的歷史敘述吸收進去，而不是被取而代之。

第二章

史前史及商朝的出現

史前文化

在中國大部分地區，現在已經發現了新石器文化遺址（截至 8 約公元前2000年）。東北、中原、西北的甘肅、長江平原，以及廣東，甚至香港，都有這樣的遺址。從這些遺址發現的器物證明當時存在定居村落、農業、家畜和一定程度的經濟交換。比如，瑪瑙貝在內陸很偏遠的地方被發現，表明這些地區和太平洋沿岸地區有貿易關係。

「陶器」類型

某些文化類型雖然沒有影響整個中國，但似乎影響到很大範圍的地區。首先是以「彩陶」為代表的仰韶文化，因為在河南仰韶發現而得名。另外一種，以黑陶為代表的龍山文化，以位於山東的遺址發現地命名。在中國中部和南部，還發現了這兩種之外 9 的其他類型。仰韶文化被認為是北方新石器文化的主要代表。仰

韶文物在河南、山西、陝西以及西部一些地區都有發現。這正是
那些神話所講的中國文化的故鄉。

關於仰韶文化最有意思的一個事實是，它與更遙遠的西部，
特別是伏爾加下游（特里波耶遺址〔Tripol'e Site〕）有明顯關係。中
國神話有一個傳統，認為夏人（通常假定是商人的先祖）是來自
西邊的。許多現代中國學者也相信中國人的先祖，商以前的人，
是從西部遷移到北方的。最近的蘇聯考古研究對於西伯利亞新石
器遺址的考察指向跨西伯利亞 —— 從烏拉爾到蒙古 —— 在人種
和文化上的廣泛聯繫。這兩個平行的現象提示我們，仰韶人有可
能與更遙遠的西部有某種聯繫 —— 可能是貿易，也可能是某種
共同的發展 —— 但是這些聯繫明顯不像19世紀某些作家想像的
那樣近（比如幻想者德‧拉‧克伯里〔Terrien de Lacouperie〕）。無
論東方與西方的關係有多麼緊密，至今仍然沒有確鑿證據證明它
們之間有傳播關係。

龍山黑陶文化和甲骨文是另一個文化類型。龍山遺址首先在
中國東部被發現，包括山東、遼寧，以及東北南部某些地區。以
前的觀點認為仰韶文化和龍山文化是同時期的，但互不相干。不
過1950年代的考古發掘表明，龍山文化的原型元素在河南、山
西、陝西留存在仰韶遺址的土層之上。現在最能被接受的假設
是，仰韶文化和龍山文化之間不是空間上的分佈，而是時間上的發
展關係：後者從前者發展而來，而不是與前者相衝突。這個文化
從河南腹地發散出去，變得多樣化。其中一個類別離原發地不遠
（出現在河南－安徽－山東的一個連續區域），成為商文明。

中國中部和南部的遺址是中國新石器文化遺址中被研究得最少的，卻展現出與太平洋海岸更南方的區域有很大的關聯。我們知道進入歷史時期後，定居在中原與南方的不是漢人，這一點直至今天仍有跡可循。儘管龍山形態的村居農民到了南方，但這個地區成為「漢人」的區域不過是後來大量移民後的結果。

10

商

在公元前最後一個千年，當中國的史家將他們自己時代的概念和意象投射到過往時，殷商被認作是夏以後中國的第二個王朝。根據神話，夏朝是禹建立的，他是開創中華文明的「五帝」的後繼人。我們也許可以把商以前、時間最接近的人叫作夏，但作為一個有組織的文化和政治秩序的存在，確鑿的考古證據（而不只是神話）始於商。儘管有許多新石器時代的遺址，安陽（今河南，黃河轉彎處）的青銅時代遺址 —— 商城的所在地 —— 是有漢文字發現的最古老的遺址。既然我們沒有新石器時代中國存在大的政治機構或者確定形式的階級分化的證據，那麼貴族制，以及從中心城市向外的一定程度的政治統一，看來是從商開始的。商是中華文明的奠基者 —— 如果文明（civilization）的含義是這個詞本身所蘊含的那樣，指城社的文化（*civitates*）。

我們無法確切地知道第一座真正的城市是如何在中國興起的。但可以瞥見一些到達這個重要節點的過程。在新石器時代，北方平原明顯可見散落的農業定居處，其中有一些已經開始具有

高度的勞動分工。陶器和金屬器物的發現表明那時存在某些形式的手工業，或許是有組織的手工業。受益於華北黃土的豐腴，農產品或許有剩餘。儘管那時的中國北方相比今天一定有更茂密的森林覆蓋著，在其他方面北方可能已經是一個開放的平原，處於來自西北和東北的威脅之下。某種形式的畜牧業和農業與先其存在的狩獵和捕魚並存，在經濟上起著重要的作用。

11

　　伴隨著農業的發展而產生的定居村落逐漸演變成了小型城市群和地方政權。衝突也隨之而來。在這些衝突的過程之中以及之後，殷人（因其最後的都城得名，在今安陽）建立了今天我們所知道的商（或殷）這個複雜的政治組織。有觀點認為商代建立於公元前1766年；這個傳統的分期過於精確，顯得不現實，但是商朝最早的遺址確乎可以確定在公元前18世紀中期。神話將商的先祖追溯到契，説他是五帝中帝嚳的兒子。帝嚳在商的領地（今山西省）給了他的兒子契一片封地，商朝由此得名。但是這個名字看上去是真實可信的，因為它作為都城的名稱被記載在甲骨文裏。

～

　　什麼是「甲骨文」呢？商朝之歷史存在的考古證據於1899年在安陽地區開始出現。一些奇特的骨片當時被用來調製中藥，引起了一些學者和收藏家的注意。這些碎片以及其他類似的、在後來正式考古發掘中的發現，確認為龜殼以及牛和羊的肩胛骨，許多骨片上面刻著現存最早的漢語文字（其中有的文字也出現在青

銅器、玉器和陶器上）。這些龜殼和骨片上的文字是被用來為商
王占卜的。龜殼和骨片被放在一個坑裏，用火炙烤其中一面，如
此一來，刻有文字的另一面上的裂紋就會揭示吉凶。

閱讀材料

Chang, Kwang-chih. *The Archaeology of Ancient China*. New Haven: Yale
　　University Press, 1963.*

---

*　　譯註：中譯本為：張光直著，印群譯：《古代中國考古學》，瀋陽：遼寧
　　教育出版社，2002；北京：生活‧讀書‧新知三聯書店，2013。

歷史的出發點 —— 去向何處？

我們對中國歷史的起始作了兩個嘗試。現在，我們應該有一個確定的起點，商 —— 可以確定是因為我們有原始資料 (考古的，而非通常意義上文字的)。但還是有很多相關問題需要考慮。商對儒家傳統中的史家意味著什麼，對於後儒家傳統的 20 世紀的思考者，特別是對於中國的共產主義者們又意味著什麼？

我們看到，創世神話的製造者和傳遞者不僅通過淡薄的記憶，而且通過他們自己現時活著的觀念構建了一個遙遠的過去 —— 在真實的歷史明亮的光線裏看來真正有意義的生活和思想所投下的陰影裏，神話中英雄們的業績被塑造出來。當我們進入那個歷史，那個考古學上可以驗證的商代，我們現代人，就像過去的中國人那樣，傾向於把這個過去的片段和後來歷史中看似最有意義的東西聯結在一起。把商代當作「**中國**」(Chinese) 歷史的啟程點指的正是這個意思。這個限制性的形容詞「中國」暗示著我們終於看到 (不僅僅是用想像來推測) 連續性的線索，於是時間的變化不再僅僅是難解的變動，而是有一個實體持續存在，我們可以

從中發現不斷的變化。當我們假設商代確實是「中華」（Chinese），我們正是在假設這個實體的存在，而且對於此後不斷變化的中國，商代永遠不會與我們選中的那些有意義的事毫不相關。

　　在儒家的歷史記述中，商具有相關性是因為對這個朝代的興亡有一個政治假設。如果說夏（對現代人來說仍然是一個「神話」）是聖王禹建立的，它卻是由邪惡的統治者夏桀終結的，而夏桀被商的建立者聖王湯取代。然後商又走上了夏朝的路，最後一位君主是個惡魔（「刳剔孕婦」在他的惡行中只能算中等程度）。商紂王被周取代，又是由暴君到賢君。這就是說，商代在這個意義上第一次展示了從一個王朝到另一個王朝的完整過程（商，而不是它之前的夏，是從前代的道德敗落和瓦解中產生的）。儒家的核心是政治性的（這一點我們將會看到）；對他們來說，行動的理想領域是國家，他們的倫理在根本上繫於治理社會；所以，把商作為一個**政治原型**是再合適不過的了。

　　現代的非儒家或後儒家在解釋這個歷史時，會把對政治的強調看作中國文化長期不變的特點。這種對文化的興趣是寬泛的，把政治看作文化的一部分。與此看法相符，他們把商代看作**文化源泉**。對於文化延續性最重要的是商代青銅禮器和甲骨上的文字，雖然後來有變化，但仍然可以看出是漢字。但是商不僅通過這無可比擬的重要工具——文字書寫——開始了中國文化的連續性，而且開始從安陽周圍的黃河谷地向北方和南方擴展（安陽是文字證據的發現地，在今天的河南）。正是商人的文化被帶到了其他地方，加上本地的因素，而成為中華文化。或者，我們應

13

該説，這個文化的中心線索回溯到商代，而與這個文化的融合成為傳統上定義「中華」(「Chinese」)的標準。就像希臘的 (Hellenic) 教育，而不是希臘人的族群獨特性，構成了後亞歷山大時代地中海沿岸的希臘化 (Hellenistic) 文化，中華文明，而不是漢人的族群獨特性，成為中國主要的歷史關注點，原本不是「中國人」的人們可以被認為是**尚未成為**、但最終總會成為中國人。

最能為商代的生活打上印記的是它退場的方式。我們已經看到，儒家傳統中關於上古的神話能夠與現代史學發生聯繫，正是通過使現代人意識到，這個製造神話的過程恰好是現代人必須解釋的。與此類似，格外重視政治道德的傳統儒家只強調商、周轉化中統治者的功過，卻迴避任何族群問題，這正好為早期 (並持續到後來) 把文化上的同化作為外來者 (在此指非商朝的人) 進入正統中華世界的充分條件這一點提供了例證。如果説「壞」的商晚期接續到「好」的周早期可以看作完美的合理而充分的連續性，那麼周原本的「外來性」(可以在文化上證實：周的墓葬是圓頂的，而商的是平頂的；周拋棄了商的殉葬制度) 就可以被中國關於合法性的準則所容納。也是通過這個途徑——就像文字和青銅器的做法一樣 (儘管周的青銅器更加細緻繁複，從商的平紋變成凸紋等)——周對商的繼承使得商成為中華文明的主要承載者；因為商的「文化主義」得以流傳後世，而不同族群的外來征服者總是可以爭取成為合法的「中國人」(Chinese，一直到嚴格意義上的現代**民族主義**出現)，正如周的部落所做到的，他們這些從西面來的征服者，在商的基體裏成為了中國人。

　　但是，儘管商與周之間的差別並非兩個民族之間的差別，周
征服商卻產生了一些可以看作階級差別的現象。《詩經》中一首
較晚時期的作品似乎是在描繪商周之別。這首詩以農民抗議的
形式，表達「東人」對貴族的、奢華的「西人」的不滿。如果我們
記起日耳曼人和維京人征服後羅馬時代的歐洲對製造貴族的巨大
作用，就會看到周對商的征服與隨之而來的中國封建時代的關
係 —— 仍然是「華」(Chinese)，因為商人必須被稱為「華」，但卻
是封建制，在社會意義上比較新穎的社會組織。這不是製造貴族
的唯一方式；商也有貴族；西方後來的羅馬帝國也有貴族。但在
強化階級差別上，沒有什麼比外國征服更加見效。

　　我們下面將會轉向討論封建制及其對未來的影響。現在，我
們先討論封建制對於理解周以前那個往昔的時代有什麼意義。最
具總括性的馬克思主義的歷史解釋在1920年代開始被中國知識
界接受，在1950年代佔了主導地位。根據這個解釋，社會時期
是一個有規律的接續過程：封建主義被認為是第三個階段，此前
有(一)「原始共產主義」和(二)第一個「階級」社會 ——「奴隸社
會」。從這個角度來看，商是作為一個奴隸社會被固定在中國連
續性之線上的。如果像非儒家傳統的觀點所認為的那樣，商以前
是史前期，那麼正好可以把它看作「原始」的；商被所有人認為
是一個有勞動分工跡象的、有組織的社會，正可以用來滿足「奴
隸制」的特徵。

　　根據已有的證據，我們得不出確切的結論。人們主要依靠解
釋「甲骨」中的文字進行推測，比如「伐」這個字，意指「殺戮」、

15

「砍倒」。這個字明顯是在「犧牲」的意義上使用的。有時候沒有提到「俘虜」。那麼受害者是奴隸嗎？那麼「眾」這個字呢？在最古老的、周早期的《尚書》中可以發現這個字，這部分講的是商中期的一個王。「眾」大致可以解釋為指代「民眾」。他們在某種意義上是奴隸嗎？馬克思主義學者郭沫若在1945年發表了一項非常有影響的研究，得出了肯定的結論。

實際上，從馬克思主義的觀點來看，社會中奴隸的存在本身並不足以定義一個「奴隸社會」——在這樣一個社會中，物質生產要在總體上取決於奴隸的勞動。這種對商代歷史的馬克思主義建構似乎是一種信念，而不是建立在充分證據基礎上的必然結論。這不僅僅是一個信念，而且是一種想去相信的意願。對商代問題的這個答案之所以有如此廣泛的吸引力，其原因深深地嵌在現代歷史中。因為，正如關於更古老的過去的古老傳說可以作為線索，讓我們理解那些選擇相信這些傳說的社會的特徵，現代所塑造的商代遠古形象，讓我們對這些馬克思主義觀察者的理解，超過了對他們所觀察的這個過去在事實層面上的理解。

第三章

商代社會

當商(殷)人最初進入歷史舞台時,他們很可能還是部落,16
有農業知識,但仍然從事狩獵和捕魚,並且已經熟悉如何馴化動
物。當商代終結時,商人已經成為中國北方一個相當大區域的貴
族統治者。他們從殷這座城市控制著這些地區。殷成為他們的永
久都城,考古挖掘在今天的安陽發現其遺址。中國古典資料反覆
講述「遷都」:從商人的神話始祖契開始,到商朝的創始人湯,都
城據載遷移了八次。從湯到盤庚,又有五次遷都的記錄。第五
次,遷到了安陽,這是商人決定性的最終遷移。

　　一些學者根據「遷都」的記載認為商可能是遊牧的。確實,
在後來的內亞和中亞遊牧民族中,往往沒有固定的「都城」,「都
城」與部落一起遷移。但是,即使在遊牧民族成功征服了定居社
會之後,他們仍然保持著定期轉移都城的習慣;而當他們不再改 17
變都城時,就根據季節變換居住地,夏天搬到高地,冬天搬到低
地。在奈良城建立(710年)之前,日本也定期遷都,通常是在某
個天皇去世後。商人應該不是像後來的突厥人和蒙古人那樣的

遊牧民族，因為大規模的草原遊牧民族大概是隨著馬的馴化出現的，最可能起源於更西邊的印歐人種的遊牧區域。儘管如此，都城的遷移表明，商人（就像日耳曼人遷入衰亡的羅馬帝國一樣）尚未徹底採取完全的農業和定居的生活——這是平原人民所特有的。

商對中國北方施加權威並不意味著它平定了這一地區。雖然一些被征服的人（夏？）與商人結盟並融合進了這新的政治制度，但其他人的敵對行動或許一直持續到周。有證據表明，「夏」人開始向西和向南遷移，以避開商代征服者的路徑。在更西邊，有所謂的羌族，其名字出現在甲骨文上。這些人和藏人之間可能存在某種關係，因為有跡象表明藏人從他們早期在西部的生活地向南、向西遷移到西藏。這些羌族人可能處於原始遊牧階段，有點像許多西藏遊牧民族仍然保留著的生活方式。商人，在其存在的整個過程中，無論是在殷城建立之前還是之後，都受到這些西邊部落的威脅。因此我們看到，中國文明，這個世界歷史上覆蓋最廣、最穩定、持續最久的文明之一，起源於不同的開端，在不斷的衝突和一個較小的區域中開始——這個區域只是後來成為中國的那些地區的一部分。

殷城始建於公元前1400年左右。隨著永久都城的建立，一定有移民人口遷入。高度發達的青銅和陶器工業需要一定的城市定居人口。

18

考古挖掘在離假定的定居點中心很遠的地方發現了牆的遺跡。考古學家也發現了排水溝的遺跡，它們可能用於把城市裏

的水排放到附近的河流裏。這說明城市的規模相當大。但是，很少有比較大的房屋。這裏有數百個坑和地窖，無疑是普通居民的家園，他們集中在城市的周邊區域。這些土坑房的屋頂是平的，房屋的頂部僅略高於地面。貴族的房屋較大，顯然是用由木樑支撐的泥土建造的。但是，相對來講它們也還比較小。在城市之外是田野。雖然農業是商人的主要職業，但幾乎沒有跡象表明商早期廣泛使用灌溉。耕種的範圍可能很廣，利用了大片土地。但是，大概在這個階段的中期和末期，支持城市人口不斷增長的壓力促使了技術進步。到商代結束時，人們可能已經在利用灌溉和河渠了。

重構商代社會的性質並不容易。神話傳說和甲骨文都表明在此期間存在某種形式的部落組織，也許是圖騰部落。商人是眾多部落中的統治部落，有些部落與商人結盟，有些則對商持敵對態度。每個部落似乎都佔據了特定的地區，並且可能對這些地區進行政治控制。商代社會最頂端的人物是商王。王是部落創始人的直系後裔。開始時，傳位並非採用長子繼承制（即長子傳長子），而是兄終弟及。然而，很難說兄終弟及是規則抑或僅僅是事實。在其他原始部落中，統治者經常由頭領挑選，通過某種集會決定，在商代大概也是如此。但隨著時間的推移，長子繼承的習俗在商代社會變得更加固定。長子繼承與以下這些變化密切相關：政治體系的不斷鞏固、城市的發展，以及社會分層的加強。

後來的中國歷史學家把一個個商王看作合法繼承鏈上的環，一直追溯到遠古時代神話中的皇帝。這種證明合法統治的連續性

19

的需要——即後來所說的「正統」——是儒家政治哲學的重要組成部分。然而，沒有任何跡象表明商王像後來的皇帝那樣，認為自己是宇宙中唯一的合法統治者。甲骨文中還有一些文獻提到商王之外其他的王，這些統治者明顯來自與商有衝突的國。與後來的皇帝不同，商王並不是居住在遠離臣民的恢弘宮殿裏。像一個遊牧酋長一樣，他似乎過著一個普通部落貴族的生活。

然而，在一個被強大宗教和神奇信仰所主導的社會中，王不僅是一位酋長，而且是最高級的巫師祭司。他們主持祭祀，進行占卜儀式。他因而擁有了神奇之力。這些都由他傳遞給繼承人。馬克斯·韋伯（Max Weber）就「魅力」的傳遞討論過這個問題，即統治者依賴神秘的力量令其追隨者順從。因此，在這些早期的繼承問題中，我們可以看到後來的帝國和儒家關於王室和王朝繼承問題的種子。

殷城的一個主要階層似乎是巫師，他們的主要作用是保證多種多樣的儀式正常進行，而這些儀式則賦予了商代宗教生活的特徵。在軍事遠征等所有大事開始之前，都要進行占卜。預測收成是占卜最常見的主題。商人們認為宇宙是由各種神力組成的，有時必須討好，有時也會尋求援助，並獲取信息來處理那些後果難以預料的事情。巫師在很多方面似乎扮演了文官的角色，雖然是一種原始的類型。當後來的經書談論孔子這樣的學者參見當時的統治者時，暗示了學者——官僚（比如伊尹曾為商代的創始人湯服務）很早就已經在擔任王的顧問。在中國歷史的這些原始時期，當然沒有後來的儒家文人官僚；在這裏，我們必須再次考慮

傳說與事實的關係。但是，商代的人們看待他們的巫師時所懷有的那種神奇的宗教敬畏，後來有可能被轉移到學者——官僚階層身上。事實上，在19世紀的一些文獻中，地方官仍是為他治下的人民主持儀式的人。

在許多方面，商人的宗教信仰類似於大多數農業人口在其發展早期所共有的萬物有靈論。人們為各種各樣的自然之靈——後來在中國被叫作「風水」——奉上犧牲，這些神靈可以左右收成的好壞。但是我們有充分的證據表明，後來成為傳統中國文化特徵的祖先崇拜已經存在了。商代國家是以部落的形式組織的，每個部落顯然都對其祖先進行了仔細的記錄。有證據表明這些原始祖先中有些是以圖騰形式表現的。商人的祖先被認為是一隻鳥，如《詩經》中所說：「天命玄鳥，降而生商。」人們為祖先獻上祭品，不論是遠古的原始祖先還是更為明確的人類祖先。動物和穀物是最受歡迎的祭品。可能是用穀物製成的白酒通常也是祭品的一部分。因此，在中國和世界其他地方一樣，致醉物的使用常有神力——宗教的起源。

即使在後來，生活在更加理性的周晚期的商代後裔也仍然記得從前強烈的宗教氣氛。經書中提到了對「神」和「鬼」的信仰，這種信仰也仍然是中國民間宗教的基礎。神是自然物中固有的神靈，鬼則是祖先的靈魂，它們無形地存留在曾經生活過的地區周圍。

在我們繼續討論宗教主題之前，必須提到一種可能是商人特有的宗教信仰。這是對某種形式的至高無上的天神——帝——

21

的信仰，這個詞後來被用來指一國之皇帝。占卜中反覆提及的帝和天被認為是至高無上的神，統治著宇宙裏的所有神力，人類有最重要的問題就會向其諮詢。最初，帝可能是商一個祖先的名字。征服了商的周擁有自己的神，叫作「天」，在現存的周早期文獻中，天被看作與帝平等。天最初可能來自一個表示人的符號，因為被用來指代在天上的亡故的周王而獲得了神的含義。

這種對至尊天神的崇拜在許多後來的草原遊牧民族中也同樣存在。事實上，有觀點認為突厥 —— 蒙古語中表示「天」的詞「*tengri*」與中文的「天」字有一些詞源關係。在西方，依約瑟夫・歐內斯特・勒南（Joseph Ernest Renan）看來，一神論是沙漠的產物；即使不是勒南所講的這樣，它似乎至少在那些擁有某種遊牧或部落歷史的人群中受到青睞，得到發展。對至高無上的天神的信仰也可能表明與北部和東部的部落群體的某種聯繫，後來的突厥人和蒙古人有可能是來源於這些群體。然而，對這樣一個神靈的信仰顯然具有現實用途。商王們的超凡力量很大程度建立在他們作為占卜師的能力上，因為他們能夠與帝這個最高的存在進行溝通。周對被征服的商進行的宣傳之一就是帝（或者天）決定了他們的敗落。因此，我們在周關於商的記載中會發現天被時序錯置，成了商的神靈，訓誡和懲罰商不合格的統治者。這是很糟糕的歷史書寫，但確是有用的政治教條。凡間的統治者和超凡有力的神靈之間存在著特別的關係，這個概念在中國的政治思想中一直佔有中心位置。統治者在人與天之間起著中介的作用，任何敢於反對統治者的造反者也等於在挑戰上天的意旨本身。

在相當多的巫師之外，還有更大數量的貴族。這些貴族中有 22
些是部落貴族，通過血緣或聯盟與商朝統治家族相關聯。他們有
些人顯然是不同部落的成員，有時與商進行戰爭，有時則屈服於
商。貴族的某些成員也可能是土著酋長，被允許進入征服者的精
英階層。有些貴族住在殷附近，更多人則住在自己的「國」。漢
語的「國」字現在指國家，但在那個時代顯然具有不同的含義。
它似乎指一個城市或設防的定居點以及圍繞它的領土（今天，縣
這個詞還是既指區域又指區域的行政中心）。這些國在商四處征
服的時代開始發展，並在商代後期繼續發展。因此，到了周，中
國北方的大部分地區大概都已經被這種定居點所覆蓋，這些定居
點成為後來周代各個「國」的中心。

商王如何對貴族行使政治控制尚不完全清楚。我們知道，商
王保持著強大的軍隊，似乎是在不斷進行軍事征伐，正如甲骨文
所證明的那樣。貴族們毫無疑問被要求為這些征伐提供軍隊，共
同敵人的存在有助於維持外圍貴族和宮廷之間的團結。在這種團
結破裂的地方，商王有足夠的力量來懲罰叛逆者。沒有戰爭的時
候，國王們經常進行大規模的狩獵，這是商起源於森林部落的另
一個跡象。令人感到奇怪的是，漢語中耕地一詞「田」，意思似
乎是當時的狩獵保護區。在中世紀的西歐和俄羅斯等地區，狩獵
在加強貴族團結上的作用已經被一再證實。

殷這座城市本身有著相當大量的人口，其中肯定有許多是工
匠。如果我們可以用其他社會的歷史實踐來判斷，那些工匠應該
是比較受尊重的。但除了他們的產品，我們對其知之甚少。殷

23 有大量的奴隸，大多數（如果不是所有）都是戰俘（有許多文獻提到羌族以及或許是藏族前身的俘虜）。正如我們前面所提到的，中國共產主義歷史學家見到關於奴隸的史料就認為這是存在一個以奴隸制為基礎的社會和經濟的證據，如同恩格斯（Friedrich Engels）所描繪的經典模式那樣。但是，沒有證據表明奴隸在農業生產中發揮了重要作用。羅馬人大規模僱用奴隸，因為他們的大莊園（latifundia）是以市場為導向的，因而需要流動、靈活的勞動力來滿足市場不斷變化的需求。在商代，華北卻沒有這種情況。和後來一樣，奴隸可能在宮廷內和附近以各種身分受僱，或被重新編入王的軍隊。

我們沒有任何關於村莊生活的記錄。所有的記錄都是關於宮廷內外的生活。但是，我們可以利用現存的資料來推斷出一些事情。小型村莊一定是存在的。小米和大麥，也許還有稻穀都有種植。水牛已經被用作家畜，雖然我們不知道以什麼方式。安陽遺址以及其他商遺址中發現的大量石鐮可能是批量製造並存儲的，由宮廷發放給農民。一個大城市和一個範圍相當大的部落貴族的存在表明，農民必須承受相當大的壓力而交出所有盈餘。後來的經典中提到，很多人相信在古代曾普遍實行「井田」制度。在這個制度下，田地被分成九個方塊；其中八塊的產品歸農民，第九塊的歸封建主。

像這樣抽取一部分的收穫，這種剝削形式有很大可能確實存在。當時的生產力水平不高，因此只剩下少量盈餘可以榨取。我們從其他社會瞭解到，在農業生產力低的地區，如在高山地區，

農民往往自己擁有土地。只有在生產力相對較高的地區才有地主。雖然在那個時代，所有權的概念不太可能被清晰嚴格地界定，但農民很可能是「自由的」，而不是「被奴役」的；是擁有（有限的）土地的，而不是被限制在土地上。普通農民的生活一定是接近維持生計的水平，村莊也是極其原始的形態。只有在周的後期（接近公元前最後一個千年結束時），村莊才達到一定規模。因為到那時新的技術發展，例如鐵和小麥的引入，開始改變土地上的生活。

24

閱讀材料

Creel, Herrlee Glessner. *The Birth of China: A Study of the Formative Period of Chinese Civilization*. Ungar: Chicago, 1964. Paperback (original edition 1937). Creel 的著作在內容上與張光直的 *The Archaeology of Ancient China*（見第二章）有重合時，我們選擇張光直的觀點，因為他的著作包含了更新的研究成果。

歷史獨特性與歷史類比

　　從對商代社會的描述中可以看出，商代開始時將都城從一個
地方遷到另一個地方，就像中亞遊牧民族和早期的日本天皇一
樣；商人對周圍地區的征服和滲透就像古代日耳曼人一樣；商的
宗教和許多早期農業人口中的宗教系統同樣有著萬物有靈的特
質，以及許多早期遊牧民族宗教的一些原始一神論的特質；對於
商王和貴族而言，正如他們在中世紀歐洲的同類人，狩獵是一種
團結的手段。這樣的跨文化評論是不是否認了中國歷史在這個
早期階段的特殊性？或者，如果商文化可以被證明是高度個性化
的，那麼這樣的評論只是有害的修辭遊戲？

　　如果我們抓住下面這個基本點：任何社會都是一個複雜體
系，並非其各部分簡單之和的整體，我們就知道用來類比的東西
不會損害商或任何其他歷史文化的特殊性。文化差異化幫助人類
走出史前史，為歷史的人創造了他的歷史感、他的**繼承**意識或文
化延續感；文化差異化是一個整體性問題，而不是單個組成部分
的問題：從商到別國文化的橫向線條不會讓商文化的核心「中華

性」（Chineseness）變得混亂。我們已經指出，商是**中華**的起點，是縱向的時間連續線上的一個點。聚集在商的一切，遠遠超過商人自認的共同點，也超越了「華」之外的那些人自認的共同點。例如，商人可能以和日耳曼人進入羅馬相同的方式進入了「夏」——但是（不論後來的神話傳說把哪些東西說成了事實），與羅馬不同，夏並不是一個處於衰敗期的複雜帝國。因此，商——夏的混合體與日耳曼——羅馬非常不同。只有在儒家的理念體系中，夏才是一個「帝國」，而羅馬在歷史事實上是一個帝國。

然而，雖然整體不同，但在商代或任何時代，在構成部分的層次上，中國和外國之間的相似之處仍然值得討論。相似性只是**部分的**——個體不僅僅是由於這一事實而得以維持；正是這些部分的特徵幫助人們識別個體的特殊品質。商人和日耳曼人在向他國的滲透這一點上的相似性讓我們把它們放在一起討論，這樣做的真正意義是什麼？它的意義在於讓我們意識到比較是可能的，但完全的類比卻是失敗的：商代的勝利和愛德華·吉本（Edward Gibbon）所理解的（儘管有些過分戲劇化）發生在羅馬的「野蠻和宗教之勝利」完全不同。畢竟，商沒有破壞，而是建立了中國文明，而賦予這個文明特色的正是它破除野蠻的使命。

商是位於中國的文明（civilization in China）的出發點，這是經過一段時間才得以確認的。但是，流逝的時間——以及特殊性——正是歷史學家所關注的。靜態類型的相似性，在流逝的時間中消失不見了，變成動態的和個體性的：商的對外征服以及國家的建設，作為在時間當中的過程，與日耳曼人的對外征服以

26

及國家的解體，**並不**相似。這裏的「以及」所涉及的動態過程是形成個體化的關鍵。而相同定義的「征服」所涉及的靜態的**普遍性**，引發了「為什麼在動態中形成了**特殊性**」這一問題。

在中國封建主義這個大主題中，我們還會不斷提出類比和過程這個歷史問題。

第四章

「西周」

周的起源和征服

殷城日漸繁榮，農業和技術得到發展，中華文化呈現出更加
豐富扎實的形式。但是在北部和西部的土地上卻起了動蕩。在
公元前倒數第二個千年，具有遊牧習慣的印歐部落開始從現在
的烏克蘭逐漸橫掃到伊朗和印度。印歐人的其他分支似乎已經
向東移動到現在的中國西部，也許東至現在的蒙古。斯基泰人
(Scythians) 的墓葬無論出現在哪裏都帶有很相似的東西 —— 例如
動物藝術，在從中國東北到東歐的廣闊弧形區中都有發現。直到
公元後第一個千年，和田與喀什地區一直居住著伊朗人。至今在
中國境內的帕米爾高原東部仍有説波斯語的塔吉克人 (Tajiks)。
遊牧民族引起的騷動繼續向東擴散，在那裏他們開始將原始突厥
人和原始蒙古人從森林中拉出來變成了遊牧民族。草原遊牧的興
起及其對歐亞大陸定居社會產生的影響，是世界歷史的重要進程
之一。

28　　如果説商人不太可能是遊牧民族或受到遊牧的影響，有跡象表明，周人卻可能與遊牧民族和遊牧文化有過更直接的聯繫。與商人不同，周人起源於今天中國的西北部。當他們第一次出現在歷史上時，在渭河流域（也許是西邊）定居，這裏當時是中國（商）文化影響圈的西部邊界地區。早些時候，他們似乎已經定居在今甘肅省的西南部，離草原更近。雖然我們看不到跡象能説明周與商領域內的人民毫不相干，但是能看到他們之間的一些民族差異和文化差異。

中國的神話傳説將周作為舜和禹時代的官員（姬）后稷的後裔。據説后稷的兒子失去了在宮廷的位置，逃到了「戎狄之地」，關於其家族的記錄自此消失。在商代，周氏族通過公劉這個人物重新出現。雖然公劉仍然生活在野蠻人中間，但重新學會了周人祖先后稷曾經教給他們但後來遺失了的農業技術（后稷名字的意思是「小米之王」）。公劉的兒子帶領人民在今山西省渭河平原的邠縣定居下來（或是今陝西，其位置不確定），完成了向農業定居生活的過渡。這些神話傳説似乎表明了一些外族的，也許是準遊牧的起源。有些歷史學家從后稷的母親姜嫄的名字看出了與商代蠻族羌人關係的跡象。無論如何，看來周人無疑並不是像「夏」那種定居的人。就像先於他們存在的商人一樣，他們最初可能是以部落為組織形式，在某種程度上也是移居的。這種流動性對於他們後來征服中國東部大有助益。

商在東部的征服使人口逐漸向西移動。這些人可能與東移的周人混在一起，使周人接觸到了中國北方的主流文化。在征服

商之前，周人在山西度過了相當長的一段時間，其間他們顯然是
定居的農業社會。到了征服時期，周已經有政治能力領導部落聯
盟挑戰居於統治地位的商，而且周人自己一定已經發展出了相對
複雜的製銅工業。有學者認為周將鐵從中亞帶入中國，有人卻不
這麼認為，後者可能更為正確。但是無可爭議的是，周晚期鐵犁
（和冬小麥）的引入帶來了農業生產中的經濟革命。

我們不知道是什麼原因促使周去征服商的領土。周受到北方
和西方遊牧者襲擊的威脅，因而增強了自己的軍事力量。幾個世
紀後取代周的秦國也起於陝西的荒野中，由於不斷遭受遊牧民族
的襲擊而發展了軍事力量。中國受威脅的邊境地區往往會產生強
大而粗獷的人民，他們有時會將自己的力量轉向更柔軟、更受保
護的中原腹地。

如果說公劉完成了周人的重組和強化，那麼被看作開始征服
商的人則是文王（「文字之王」或「開明之王」）。文王（可能主要
是事後的理想化）在傳統的中國傳說中被稱頌為明君的典範，被
寫成由於天性善良而挑戰商朝邪惡的末代統治者受辛（商紂王）。
在《尚書》中，商紂王被譴責為「好酒淫樂，嬖於婦人」。他制定
炮烙之刑，殺害忠臣義士，剖割孕婦之胎。將失敗歸咎於邪惡，
這是後來中國意識形態的偏見。儘管如此，與那些來自西邊充滿
活力的人們相比，古老統治家族的後代受辛至少是顯得無力而蹣
跚。到文王去世時，商的大部分土地都已經被周控制了。

征服商的領土是由文王的兒子武王完成的，他是「軍事之
王」，也是正式建立的周朝的第一位君主。在他年輕的繼任者成

29

30

王統治期間，發生了商王族的一些遺民及其追隨者的叛亂。叛亂很快被鎮壓，所有阻力都清除了。在與商的交戰結束前很久，武王和弟弟（也是武王繼承人的攝政王）「周公」組織了一種新的政治和社會制度。這一制度在以後的幾百年裏佔據主導地位，經常被描述為封建主義。

社會組織

當周征服商時（公元前1000年左右），他們在黃河下游發現的是一個發達的文明。一個偉大的城市，殷——「帝國」首都——是這個文明的中心。這個文明的人能夠書寫並保存記錄，一大群神職人員和官員居於城中，農業高度發達，大量奢侈品通過貿易被帶入城市。然而，這座偉大城市的政治力量並未用於同樣複雜的腹地組織上。商代主要靠定期征討敵對地區以示懲罰並且顯示其力量。當這些地區被平息後，軍隊留下駐軍或撤回城市。王不時會出行，同隨行人員一起去「狩獵」，這大概是在特殊的保護區中進行的（如前文所言，「田」字在詞源上與後來用以指代田地的字是有關聯的）；以這種方式，周的統治者使周圍的人民感受到他的權威。

正是由於商缺少有組織的控制，周才能夠在晉陝偏遠的西部地區，在漢水和渭水流域的肥沃土地上緩慢興起。當周的力量足夠強大時，開始向東遷移並征服了商。周可以選擇佔領商的舊都城並從那裏施行統治，也可以選擇一個新的地點作為政

治中心。他們選擇了後者。目前尚不清楚他們為什麼這樣選擇，或許因為殷這座偉大的城市在戰爭中被摧毀得如此徹底，重建非常困難。也許周不信任被征服的人，在其敵人的都城感到不安全，也許失敗給這座城市蒙上了神力——宗教的恥辱。最有可能的是，周感受到遊牧者對邊境的壓力，並通過在邊境建都來集結勢力，進行回應，而不是在河南的經濟中心地帶建都。他們在自己的家鄉陝西建立了都城，並從那裏開始組織管理征服得來的新土地。

周建立了一套永久的控制制度，脫離了商代較為隨意的做法。若干因素使得周不得不建立穩定的政治制度。西部的危險邊境一次又一次地感受到遊牧群體的壓力（這些群體在歷史資料的碎片中只是模糊可見），這就要求周維持一支龐大的軍隊在西邊進行防禦。商代的繁榮導致了新的、早期的權力中心的發展，特別是在南方，後來楚國（在其初期並非中華文化）在這裏興起。單靠軍事手段無法永久確保穩定。封建制度成為解決國家控制這一問題的答案。

周朝兩位偉大的創始人，武王和後來的攝政王「周公」（中國傳統史學中美德的典範）統治期間，中國北方被劃分為大約一百個區域。周朝統治者的個人領域從今陝西沿黃河向下游延伸到河南（第二個都城洛陽是周公時代建造的）。東部和南部的半圓區域分封給了周王室成員及其親密盟友。再向東，在河南，周把商代的王室成員分封在一個叫作宋的地區。但圍繞著可能充滿敵意的宋，他們建立了分封給周王室成員的封地，例如

32　魯[1]（後來的孔子的家鄉）就給了周公的後代。通過這種方式，周利用商代遺留的政治精英來統治東部地區，但在他們附近便是征服者的領地，以平衡商人的力量和防止變亂。在古代印度，「曼陀羅式統治」（*mandala*）的政治理論中提出了相同的制衡政策。很久以後，在日本德川時期（17 至 19 世紀），「幕府」策略性地將其盟友（譜代大名）及其昔日的敵人（外樣大名）放在一起，以便他們相互牽制。

這大約一百個封地的領主成了周的貴族；他們居於社會分層的最高端。底層的農民是隨土地走的，擁有某片土地的人也同時擁有這土地上的農民，雖然農民可以擁有其中一部分農產品。

每個領地都是依照周王室領地的模式建立的。領主對該地區擁有全部的政治和經濟控制權。一些小型行政和駐軍城鎮發展成該領地的政治中心。每個領主都指定官員 —— 大夫 —— 來管理附屬區域，而大夫下面還有其他附屬人員。領主和官員之間的關係還沒有變得像官僚制度那樣非個人化。這些下級官員中的許多人 —— 特別是在早期階段 —— 都是周的旁系親屬，與領主家族有血緣關係。事實上，領地的管理系統與當時主流的親緣關係體系密切相關。

早在開創時期，周已經形成了對世系的社會宗教取向；因此，在中國發展起來的親屬制度（以及涉及祖先崇拜的）後來被

1　一開始，魯只有一小段邊境與宋交界。

賦予了這個宗族系統的名稱，「宗法」，一個具有宗教含義的術語。人們相信一條神聖的血統通過長子世代相傳。聚集在血統承載者周圍的家庭被認為是主要家庭，即大宗。更遠的、旁系的親屬——弟弟及其後代——是家族裏的小宗。通過共同的血統和祖先崇拜而形成的紐帶，旁系親屬與他們的「大宗」聯繫在一起，因此兄弟之間關係依然很強。這些領地的地方官員正是出自領主的旁系親族。

33

雖然隨著時間的推移，周王室與封建藩屬國之間的血緣紐帶逐漸變弱（隨著後代人口的增加，以前的小宗自己成為新的大宗），其他制度化的做法被用來維持周王和封建領主的聯繫。每個領主都必須向君主宣誓效忠，必須定期向王表示敬意，必須聽從王的命令提供軍事援助，並且必須在繼承父親的等級和職位時重新受封。周朝統治者留在都城，但是領主們不時來到這裏，以保持密切的個人關係。

如果説周初的封建制度是第一次嘗試大範圍、有組織的政治控制，那我們必須承認它是成功的。但成功是無常的，到了公元前8世紀，崩潰的過程就開始了。隨著公元前771年的弒君，周都向東遷移到洛陽，開始了「東周」帝國的衰落時期。在公元前221年創傷巨大的統一之前，中國越來越多地陷入了一系列無休止的戰爭，在此期間，舊秩序開始消失。隨著周朝王室的權力逐漸減弱，各國變得越來越獨立。在帝國的外圍，從東北向西然後向南，新的國家開始出現並吸收了舊的封地。王位成為衝突與競爭的目標，因為各國都希望獲取王的威權來促進自己獲利並掣肘

敵人。政治衝突與社會發展和經濟發展並行。垂直的社會流動性增加。人口遷入新的地區。隨著小麥的種植和一年兩熟的應用，農業得到發展，鐵的引入對農業和戰爭的影響都是革命性的。與歐洲一樣，封建主義的衰落是一個血腥衝突外加物質進步驚人的時期。我們下面將從基本上是靜態的對「系統」的描述，轉向這個動態的「階段」問題。

34

閱讀材料

Bodde, Derk. "Feudalism in China." *Feudalism in History*, ed. Rushton Coulborn. Archon Books: Hamden, Connecticut, 1965. Paperback (original edition 1956).

歷史類比的問題：
（一）作為制度的封建

把周看作封建社會，在研究中國歷史的學者中已經司空見慣。在公元前最後一個千年的上半期，中國在社會制度和政治制度上似乎與10世紀到16世紀的歐洲政權相似。在這兩個時間和空間上相隔遙遠的地區，似乎都存在學者們稱為封建主義的典型類型的社會關係。也許，提示我們這種相似性的最重要的東西是封地（在拉丁語中是「*foedum*」，「封建主義」〔feudalism〕一詞來源於此）。周像歐洲一樣，也有封地，被稱為「份地」。漢語裏也有「封建」[2]這個詞，意思是將一個劃定的區域分配給某人並使他成為那裏的合法統治者。學者們選擇了「封建」這個術語，加上「制度」一詞，來翻譯歐洲的「封建主義」。中世紀的歐洲和先秦中國似乎都有一個政權，與普世的典型類型有某種聯繫。

2　「封」，最初的意思顯然是指，在隆起的土丘上舉行儀式，並以此標立邊界。「建」，建立。

35 　　但是,「翻譯即背叛」(*traditore traduttore*) 這句話或許在此適用。在什麼意義上(以及只有在什麼意義上)我們才有合理的理由進行這種歷史類比?

　　這種做法本身,把先秦時期認定為封建時代,使西方學者和接受這種觀點的中國學者確定了一種中國歷史觀,它與正統儒家的觀點大相徑庭。在孔子精心編輯留給後人的文本中,周是他所倡導的那種模範社會的歷史來源。後來的儒家認為這個社會不僅是真正存在的社會,而且是一切良好社會的典範,所有的社會都是以某種形式修改這個範本的結果。不需要烏托邦式的圖像來描繪良好社會的輪廓,它已經在那裏了,在經典文本中被充分地描述了。

　　但現代把先秦時代定為封建的(即作為經驗上可觀察的社會之**一種**,而不是所有良好社會的**唯一**類型),這在中國歷史的兩個部分之間嵌入一個楔子,一個比已經在中國史學家中流行的王朝分期更重要的楔子。它斷言中國歷史的不同時期存在質的差異。清初思想家王夫之 (1619–1692) 曾大膽提出這樣的想法,而他被看作異端而遭禁。只有19世紀晚期和20世紀的中國作者自己已經把絕對價值轉化為相對歷史的產物時,才為這一昔日的異端正名。當然,早期的思想家(特別是宋代新儒家哲學家朱熹〔1130–1200〕)將周與後來的時代區分開來,否認了重建周制度的可能性。但對於這樣的思想家來説,這不是歷史演變的問題,而是道德衰落的問題。無論實際的可能性如何,周仍是一個理想的類型。

　　對於西方人來説,封建主義預示著現代歐洲的形成時期。從封建主義裏誕生了民族國家,由民族國家產生了現代資本主義的

各種力量。歐洲學者研究中國，以及中國學者使用西方、後儒家的概念，通過把周看作封建制的，暗地裏把周打上了「階段」的標記。但是，這是個通向什麼的階段？顯然，這是通往「傳統中國」的一步，那個西方人在19世紀仍然熟知的中國，那個直到近期才完全崩潰的中國。但這不是一條包括了歐洲封建階段的道路。

人們可以用兩種不同的方式看待歷史碎片。可以從它的本身看待它，作為一個時期，它以其存在宣告其政治、社會和文化結構的可行性；然後，可以嘗試發現那些使其成為可行系統的模式。或者可以將其視為一個過渡時期，舊的結構正在消失，模式正在消失，為新的東西騰出空間。穩定與變化是過去總是表現出來的兩大現象。從公元前11世紀以征服而建立，到公元前3世紀因征服而瓦解，周持續了整整一千年。這個朝代或多或少被一個歷史事件分為兩部分：王權的中心從西部邊界地區轉移到東部處於社會中心的安全地帶。它在第一個階段實現了穩定，我們可以看到一個普世體系的輪廓，這是類比的基礎。在第二個階段，它顯然處於衰退和變化的緩慢階段，那麼歷史的特殊性要求我們必須回到個體。

我們關注的是初始階段，當這個系統「運作良好」時。這個時期與亞述和米諾斯克里特島同時代，遠遠早於希臘、羅馬和印度帝國的崛起，人們正是把這個時期與稱為封建主義的理想類型聯繫在一起。學者們不僅在西歐和周代中國看到了封建主義的證據，而且在日本、阿拉伯、突厥帝國，以及基輔大公國之後的俄羅斯都看到了這種證據。為了闡述馬克思主義理論，俄羅斯學者

弗拉基米爾佐夫 (Vladimirtsov) 甚至為中亞大草原突厥和蒙古遊牧民族政權造了「遊牧封建主義」一詞。那麼，封建主義是一個分析術語；通過謹慎的應用，有可能把不同歷史的獨特性與普世性的模式聯繫起來。

我們注意到，馬克思主義史學作出了一個籠統的假設，即這些普遍性的原則在所有歷史背景下都在運作，他們還建立了一個歷史演化的圖譜，其中封建主義的地位不可或缺。但對於一些後來的馬克思主義者而言，封建主義並不是周代中國的特徵；他們認為，早期階段的「奴隸社會」從商一直延續到周。對於當代中國共產主義歷史學家來說，中國歷史的封建制度最主要的不是周代貴族，而是後來的士紳土地所有者。馬克思主義觀點對大多數西方學者來說是不可接受的，因為它將歷史的獨特性壓縮成一個嚴格的歷史發展圖譜。這個圖譜的僵硬反映了典型的教條主義錯誤：扭曲獨特性以確認自己的普遍性。

因此，我們必須警惕馬克思主義式的或者柏拉圖式的普適化，即要麼歪曲事實以適應模型，要麼用模型來超越事實。另一方面，排列式的經驗主義——在沒有任何思考原則的情況下精心安排事實——不會給我們帶來對歷史的理解。對歷史的研究必須是普遍性和特殊性之間的辯證，是學者們為了組織分散的事實而創造的思想和形象，與學者們通過沉浸在特定歷史情境中所瞭解到的細節之間的辯證。因此，就我們的目的來說，可以對我們所比較的各種歷史情境提出某些想法和結構作為「普遍性」，但同時必須標出各個情境之間的差別，以及不同的概念和描述之間的差別。

　　看一下歐洲封建主義和其他社會所說的封建主義，我們就可以明顯觀察到：這個制度代表了一個分配和維持政治權力的模式。因此，封建制度基本上是政治制度，但是一些獨特的政治制度。自孟德斯鳩(Montesquieu)以來，人們普遍認為歐洲中世紀早期制度的本質就是封地。封地在早期拉丁語中是「*beneficium*」，意為一片劃定的領土，分配給可以對其進行有限或無限控制的個人。在墨洛溫和加洛林時期的歐洲，封地制度出現在政治分裂、部落遷移、間歇性戰爭，以及跨區域政治、經濟、社會和文化關係崩潰的時期。羅馬秩序的崩潰和向北歐移民，導致了一個分裂時代，而封建主義正是在這個時代出現的。但在此期間，出現了幾個跨區域的征服王國。在沒有官僚機構或穩定的社會秩序的情況下，新的君主制依賴於封地制度來維持其控制。封地被賞給那些新征服者的追隨者。這些戰士從封地中汲取必需，不僅是為了生存，也是為了具有打仗的能力。他們受到榮譽與忠誠(*hominium et fidelitas*)的約束，即向統治者提供軍事援助的義務和永久忠誠的義務。這些關係被稱為附庸關係的紐帶。著名的法國歷史學家馬克‧布洛赫(Marc Bloch)將這兩個機構，封地(*fief*)和附庸關係(*vassalage*)，看作中世紀歐洲封建主義的兩個主要元素。

　　在封地基礎上產生的政治制度是用來將大片領土標記出來並分配給征服者精英成員的政治制度。在政治上，歐洲的地圖像一個拼花被子，中央的布塊比較大，是君主的所在地。在歐洲之外，我們確實也能找到具有這些特徵的政治制度。在它們存

38

在的地方，它們通常與對組織薄弱、弱官僚化社會的征服聯繫在一起。草原上的蒙古人以等級制度緊密地聯繫在一起，這是個人義務的紐帶，當他們在12、13世紀征服了中亞和西亞時，他們的統治者以封建的方式將土地分割出去。（所以他們在中國也這樣做，但是，正如我們將要看到的那樣，這個企圖戲劇性地失敗了。他們在13世紀征服了中國，但當時的中國不是一個組織薄弱、弱官僚化的國家。）在日本，從10世紀開始，武士開始從自己蠻荒的東北部故鄉蠶食式地征服西南部（文化傳統和宮廷所在的中心地區），這造成了封地的局面，武士們獲得了對早期莊園的控制權（就像法蘭克武士貴族侵佔高盧——羅馬土地所有者的領地一樣）。撐起封建制度等級性、從屬性的個人關係仍然反映在與權威和義務有關的豐富的日語詞彙中：恩（*on*）、義理（*giri*）、義務（*gimu*）。伊朗塞爾柱時代（11和12世紀）的突厥人向他們的同伙分發了「伊克塔」（*iqtas*）。在16世紀的俄羅斯，伊凡四世（Ivan IV，「伊凡雷帝」）摧毀了舊貴族，並建立了以發給軍人分封莊園（*pomest'e*）為基礎的新制度；只有後來到了羅曼諾夫時代，官僚制度才得以發展。因此，封建類型的根本點，那些不因時間改變的、形式意義上的制度，可以在不同的時間和地點重複出現——不論它們最終對時間的衝擊作出怎樣不同的反應。

　　維持這些個人關係，這些上下的等級關係，對於保護封建制度至關重要。但歐洲的封建制度衰落了。長子繼承制的出現起到相互衝突的雙重作用。一方面，它保持了領地的完整性，但另一方面，它削弱了與君主和領主的個人關係的力量。這種繼承

制度孕育了世襲貴族。個人關係開始被契約關係所取代 —— 例
如《大憲章》，法律取代了習俗。但隨著貴族作為階級而崛起，
君主制也發展成為一個強大的制度。越過後加洛林時代君主制的
最低點，君主制在法國和英國等國家變得更加強大。在德國，雖
然沒有民族統一，但地方國家開始出現，這些國家越來越多地控
制了昔日的封建領域。君主制和貴族的敵對衝突成了歐洲歷史的
標誌，直到絕對君主制的勝利，先在法國和奧地利，後來在普魯
士。在英格蘭，君主與貴族的關係獲得了制度化的平衡。封建制
曾經在歐洲歷史階段上佔有一席之地。

　　如果不談階段問題，周朝明顯接近這個體系。公元前 11 世
紀中國的情況與羅馬淪陷後法蘭克部落的情況有相似之處。周人
和法蘭克人都征服了先前存在的文明區域。在這兩種情況下，征
服者都無法通過自己的官僚機構施行統治，當時的情況也不允許
他們這樣做。二者都是武士。法蘭克人是無數次部落戰爭的勝利
者，周通過在中原（Chinese）世界的外圍發動戰爭而變得強大。
正是這兩個歷史政治制度之間的相似性，讓我們注意到這些體系
的相似之處。

　　對這兩個歷史而言，最初創建該制度的王室均已衰落到無足
輕重，而貴族的力量則增強了。馬克‧布洛赫談到，繼承權因
素，特別是長子繼承制，最終顛覆了封建制度。在中國，宗法制
最終也製造了地方的世襲貴族，因為他們與周的血緣關係變得更
加疏遠。事實上，周代領主採用了獨立的姓氏，大多數現代中國
姓氏都來自其中。在周初的「典範」時期，各國大夫的世襲頭銜

40

和等級並不存在，這些都是後來春秋時期（詳見下文）的創新；它們象徵著封建制度的衰落。

在周初還有兩個被認為是歐洲封建主義必不可少的元素：封地和附庸關係。在這兩個要素上，基於這兩種制度之上的政治體系使一個征服團體能夠保持對一個廣大而分散地區的控制。在這兩種情況下，封建統治都是更加複雜而穩定的政治控制形式的先驅。而且在這兩種情況下，封建主義雖然在一段時間內帶來了相對穩定，但最終還是引發了大規模的衝突。在一種情況下，浮現出現代歐洲；在另一種情況下，是浮現出官僚－君主制的中國，它是現代歐洲的相反類型。

這浮現蘊含了階段。如果類似的系統是不同道路上的不同階段，那這是否意味著這個類比有缺陷？無論如何，我們很快就會看到，歷史學家是出於什麼目的而提出了這種類比。

第五章

封建制度衰落的初期：「春秋」和孔子

封建制度的理想是統一，各種義務呈金字塔型，從下向上逐 　41
漸減少到頂部的統治者。到公元前8世紀，在周代，對此類義務
的履行均已減弱。特別是在公元前771年都城東遷洛陽之後，王
子成為他們封國的絕對主人。在當地不存在任何可以介入王子權
力的王室官員。王子，而非周王，才是真正任命官員的人。能
抑制王子權力的不是來自上面的王朝的箝制，而是朝下通過繼承
來傳承的趨勢，因此王子以下有級別和職位的人發展出自己的特
權，並且新封地從舊封地當中悄悄發展起來。隨著春秋時期的到
來（公元前722年–公元前481年），以及隨後的戰國時期（公元前
403年–公元前221年），幾乎所有統一的假象都消失了，各個獨
立的碎片，儘管有時以各種權宜的聯盟方式聯繫在一起，開始彼
此爭鬥。

春秋時期的名字來源於記載魯國史事的《春秋》。生於魯國
（今山東）的孔子（公元前551年–公元前479年）留下了這部富含　42
隱意的記述，記錄了連續12個魯國統治者，他們都捲入了這個

時代自相殘殺的戰爭。孔子為什麼這樣做呢？孟子（公元前371年–公元前289年）寫道：「世衰道微，邪説暴行有作，臣弒其君者有之，子弒其父者有之。孔子懼，作《春秋》。《春秋》，天子之事也。是故孔子曰：『知我者其惟春秋乎！罪我者其惟春秋乎！』」在中國傳統看法中，孔子寫下了一個不道德時代的歷史，其目的在於道德教育。這就是他生命的環境，這是他選擇的生命目的。

孔是他的姓；西文的「Confucius」是17世紀一個耶穌會士對其中文尊稱的拉丁化，孔夫子，孔聖人，至聖先師。據説他的家族是貴族，曾居住在宋國，即周賜予被其征服的商人的保留地。他年幼時父母雙亡，在貧困的環境中長大。他曾在魯國任小官，但在56歲時，看到自己的政治哲學在魯國無望被採用，於是開始周遊列國。但是，他仍然未能覓得職位，也沒有實現其政治理想。他最終又回到了魯，重新開始了唯一成功的事業——教授門徒，並完成一部日後注定成為經典的著作。

孔子理想的教育產物是君子——王子般的人、高貴的人、紳士。君子文化中最重要的成分是禮（禮儀或禮貌——沒有維多利亞時代的刻板）和仁（「人性」〔humankindness〕，即「人類之仁」〔human-kindness〕和「人類性」〔humankind-ness〕）。禮代表傳統的一面，仁則代表創造性、自發性的一面。也就是説，禮與外在形式有關，由社會來延續並用來界定個人在社會秩序中的地位。而仁，在語義上與其同音詞「人」相關聯，則與人類的內在品質（可以理解為「人道的」和「人類的」）或道德本質有關。

　　孔子強調的重點是什麼，孔門弟子在這個問題上存在分歧。
重客觀的「外在」學派（包括子游、子夏和後來的荀子）認為禮是
中心，重主觀的「內在」學派（包括曾子、子思和孟子）則以仁為
中心（雖然人們也可以想像扭轉這二者的關係，把禮視為適當行
為的內在化，而把仁視為將對待他人態度的外在化）。孔子道德
觀中的其他概念包括義（正當）、智（仁愛的智慧）、信（可信賴）、
忠、孝和誠。我們應該知道的是，簡單甚至平庸的英語對應詞含
義都太過貧乏，無法傳達原著中豐富的意義。如果要品味這些術
語的意義，必須在整套文本的背景中理解它們。它們所屬的概念
世界，是一個設想人類行為與一個有規範的宇宙秩序相互關聯的
世界。其經典倫理從根本上講是自然的，既不依靠神聖的起源，
也不依靠神聖的制裁。

　　生產了這些術語並尊崇這些觀點的文獻主要是儒家經典，最
初是孔子所留下的，然後（經過補充和修改）又有漢儒和宋儒的。
傳統上認為與孔子有關的經典後來被稱為「五經」，如下：

　　（一）《易經》。這本書所講的是隱秘的智慧，因而有各種不
同的解釋。據説「三皇」中的第一位，傳奇故事中的伏羲，製作
了六十四卦（即六十四個有六條線的圖，由連續和斷開的水平線
分別組合而成：除了《易經》裏講的用法以外，這些卦還有其他
用法）。從古代起，《易經》就被用作一本占卜書，但只有周代才
使用（它另一個標題是《周易》，周的變化）——商有自己的占卜
制度和傳統，還有一些地區（如楚）也有自己類似的做法。作為
一個權威文本，它的目的是服務於儒家制度，阻止社會追隨狂熱

的行為 —— 比如作為神諭的人類媒介的神職人員。諸如「乾」、「坤」、「明夷」之類的標題附在卦上，一些文本 (包括傳統認為是孔子作的「十翼」) 解釋了這部著作的總體含義以及每一部分的特別含義。該書包含對商代的歷史暗示和農民民俗的元素。對變化的徵兆作出預期這個概念是屬於自然運動領域的，它本身是不變的，不可能違背自然。

（二）《書經》/《尚書》。現存的這部書包括若干層次，其中一些 (大約一半的內容) 在孔子之後很久才出現。從漢代開始，不同版本《尚書》的相對真實性這一問題對於儒家學者極為重要 ——特別是在清朝。根據經典所說，孔子研究了周朝檔案中的三千份官方歷史文獻，並選出其中的一百份，為每一份作了序言，即成了《尚書》（《尚書》缺失甚多，現存的各種版本都要短得多）。正如我們已經指出的那樣，關於堯、舜、禹，以及從夏、商到周的繼承過程 ——「革命」，即「天命」之交換的基本模式等標準儒家敘述多出自這部經典。人們認為《尚書》既為政治秩序提供了模式，也為文學作品提供了模式。它的直接歷史價值 (至少，最早文本的歷史價值)，可以由已經發現的甲骨文證實：《尚書》中提到的商朝 31 個統治者中有 23 個人的名字也出現在甲骨文中。

（三）《詩經》。孔子說：「學詩乎？」「不學詩，無以言。」孔子以此強調了這部經典在士紳文化中的地位。據說孔子從大約三千多首詩中選出了 311 首，編成這部詩集。詩集包括三大類：「風」（民謠）；更精緻的「小雅」和「大雅」有音樂伴奏，用於正式表演；以及頌詞「頌」，用於正式的祭祀儀式。

（四）《禮記》。古代「禮儀」文本包括四部作品，其中之一的《禮記》，據傳是由孔子傳下來的文獻編成的，在公元前1世紀到公元2世紀的這段時間裏，經由數人收集整理而成；直到12世紀，《禮記》才在宋代被追編為儒家經典裏的「禮」。歷史上，其他三種禮儀文本中最重要的是《周禮》/《周官》，（被想像）為周公所作。《周禮》是強有力的中央集權者最喜歡的文本，它詳細記述了據稱是周代集中管理官員的制度。《禮記》這部經典探討的是過渡儀式、社會交往和文明、有教養的娛樂方式的儀式和規則。

（五）《春秋》。這個文本附有三篇評論（傳），按照重要性的升序排列，《穀梁傳》、《公羊傳》和被認為是魯國史家、孔子之友左丘明寫的《左傳》。《左傳》最終（在漢代與公羊學派有過論爭，這個論爭在清代又重新出現）成為《春秋》最為人熟知的註解。《左傳》敘事生動，具有更多的歷史信息，在文學上引人入勝，不像它所註解的《春秋》那樣，是純粹的編年記錄。

閱讀材料

Creel, Herrlee Gessner. *Confucius and the Chinese Way*. New York: Harper Torchbooks, 1960. Paperback (original edition, *Confucius, the Man and the Myth*, 1949).*

---

*　　譯註：中譯本為：顧立雅著，高專誠譯：《孔子與中國之道》，鄭州：大象出版社，2006、2014。

辯證的變化
——作為革新者的傳統主義者

領導者和追隨者的問題是思想史上的一個著名問題。馬克思 (Karl Marx) 曾經譏諷地說他不是馬克思主義者。陀思妥耶夫斯基 (Fyodor Dostoevsky) 和克爾凱郭爾 (Søren Kierkegaard) 也曾尖刻地批評基督徒與耶穌分離。歷史上的孔子，一個在瓦解中的封建社會裏毫無建樹的政治顧問，與在後來高度組織化的官僚制帝國政權中具有巨大影響力的儒家之間，究竟有甚麼關係？

這些政權的特徵是專制，而孔子 (與孟子等雖然較晚但仍然是前「儒家」〔pre-"Confucianist"〕一代的追隨者一起) 教導君主們，他們的責任是滿足其治下人民的需要。那麼，我們是否應該在根本上把孔子視為一個民眾權力的倡導者，只不過其民主信息被儒家歪曲了？

許多現代人願意接受這個觀點，因為它給中國最重要的聖人加上了很受歡迎的現代價值。但是，這種很容易被人接受的觀點可能表明了一種時代誤植，即按現代標準選擇古代資料。畢竟，如果後來的思想家，即儒者們，真正喜歡的觀點根本不是孔子的

主張，那為什麼會認為強調孔子是他們的聖人如此重要呢？如果他的主張真的不可接受，那麼孔子就會默默無聞。只要我們用民主－專制二分法的現代視角去看孔子的問題，就要面對這個難題，即領導者和追隨者之間的這種不連續性。但是在任何分析中，如果碎片能拼到一張圖片中，相對於更複雜的圖片，我們應當選擇簡單的那張；當我們看到**傳統主義**而非民主是孔子的核心主題時，孔子和儒家的觀點就似乎更加一致了。正如我們將在後面章節中看到的那樣，傳統主義精神在很多方面對於孔子以後的帝國出奇地合適，而這些帝國正是儒家的避風港。

然而，我們的探尋才剛剛開始。僅僅把孔子的思想歸結為傳統主義是肯定不會讓人滿意的。其一，傳統主義是如此平常的一個概念，在很多時代和地域都有，以至於會讓我們疑惑這有什麼偉大之處。難道孔子只是一個令人尊重但幾乎流於平庸的思想家？此外，作為一個傳統主義者，為什麼是孔子在歷史記載中留下巨大的印記？為什麼不是過往的時代 —— 孔子無比敬仰、願意把它而不是自己所處的時代推薦給後世 —— 的某個人？

對於以上兩點，有一個答案（詳述如下）：

（一）儘管在某些人心目中傳統主義可能確實僅僅是對其他時代和其他方式的一種情感偏好，孔子卻把它發展成一個豐富的哲學世界觀，一個涵蓋一切的、要穩定不要變化的承諾；它是足夠複雜的理想，可以把孔子的「民主」建議包括進去，將之僅僅作為傳統主義的一種含義。

47

(二) 雖然傳統主義真切地反映了對古代的景仰，但是在相關闡述中，孔子本人是創造性的。歷史上有些時候——當時就是其中之一——在用古代的方式去懷疑現實時，也同時在呼喚一個既不像古代也不像現實的未來。並且景仰古代可以作為社會知識生活的創新——這種創新卻是古代自己所沒有的。

傳統主義者

為了治療自己所處社會的痼疾，孔子呼籲「正名」：君君、臣臣、父父、子子。父為父，大夫為大夫，君為君。我們可能會說，孔子的定義是循環的——人是人，子是子。這裏沒有真正的謂語。

這是本質思考的特點。不能說兒子殺死了父親，因為兒子尊重父親是必需的：**必需**，並不是說兒子一定要孝順，而是說如果不孝順他就**不是**兒子(他不再擁有兒子的本質)。王不會屠殺他的子民或者讓他們挨餓，王為整個國家帶來和諧才是王權的本質。如果某個人沒有做到這一點但是仍被稱作王，那麼其名分就要被「正名」。偉大的儒家孟子說過，談起受辛或者紂(商最後一個統治者，傳說中的惡魔)，他不知道君主紂王，只知道惡人紂。

本質的一個屬性是永恆；根據定義，**存在**(being) 與**成為** (becoming) 是不同的。王位 (kingship) 不會改變。王可以改變，但是他們是成為「君」的，篡位可以篡得名分——然後是王座的

頭銜，但他們**不能**改變君的資格。孔子看到的是一個理想化的靜止世界，而不是進程中的世界，因為進程、變化會偏離原來的規範，或「道」。道是本真的 (authentic)、永恆的；罪人並不是本真的，是背離道的漂泊者。人不可以漂泊，不可以移動，因為和諧、和睦、宇宙與社會的「真實」狀態，是本質上靜止的狀態。由靜到動就是不和。孔子警告人們遠離「淫樂」。當孔子作為道德君子痛惜他所處時代的不和諧，無法接受那些並不本真而又造成社會不和諧的人，他就是在貶損運動，或者間接地貶損新奇和創造的價值，因為標準是固定不變的；如果當下是錯的，那麼正確的一定是在過去。過去可以給人提供很好的榜樣。

　　過去也提供壞的榜樣。歷史 (歷史成為儒家知識生命的核心) 被認為主要是由正確行為和錯誤行為構成的，也包括這些行為的相應後果。儒家歷史強調的重點不是過程而是事件。對歐洲人來說，**歷史**從來都意味著記敘的展開；時間是其**關鍵**要素。可是，對中國人來說，**史**來源於沒有時間概念的宇宙學，來源於週期性展現的一成不變的模式，但這種展現也僅僅像月亮在一個有雲的夜晚那樣時隱時現。當現代歐洲觀念入侵中國，「歷史」成為了如今這個聯綿詞。「**歷**」指的是時間的消逝，但是「**史**」卻很晦澀，因為它原始的宇宙學意義早已經被忘記了。

　　時間確實在消逝。孔子的《論語》及其眾多註疏中 —— 並不是全部 —— 把時間變成指代「屬於時間的東西」；「子在川上曰：逝者如斯夫！不舍晝夜。」畢竟，「變」是儒家的經典詞彙，也是生活的條件。但是，在孔子關於變化的記錄中 (例如從傳奇的三

49

皇五帝到黃金時代，再到後來的權力傳承這一過程的記錄），他努力識別和宣揚永久性的東西。

所以，儒家歷史學家，帶著對細節的所有摯愛，卻在尋找永恆的原型情境；往昔之消逝（往昔不復存在的感覺，帶著相對主義的所有潛力）和往昔的重現（往昔不斷地融入現在的感覺）在思考中不佔顯著地位。孔子為歷史範式建立了這種超越時空的感覺，因為他的天才在於道德判斷，這是一種絕對價值，必然抵制時間的流逝和人類狀況變化的相對性。他的魯國編年史《春秋》一直被儒家視為道德和哲學思想的歷史框架，也是後世的整個儒家史學事業的基礎。司馬遷的《史記》是從漢代至清代的綜合性王朝歷史的原型；在最後一章中，司馬遷宣稱他寫作歷史的目標與《春秋》相同。在11世紀，司馬光寫了《資治通鑑》這部有史以來最著名的歷史作品之一，他所懷有的希望讓人想到《春秋》，「善可為法，惡可為戒」。在17世紀，另一位偉大的學者顧炎武談到「用夏變夷」，也就是將經典的先例作為當代生活的重要修正。把歷史作為裝滿先例的倉庫來崇敬以及從永久性（而不是過程）的角度對它進行解釋，這兩者在顧炎武那裏匯集到了一起。

關於歷史，目前先講這麼多。如果它是道德榜樣的寶庫，也只是儒家「以身作則」這個基本禁令（徹徹底底的傳統主義）的一個方面。正如孔子在《論語》中所説：「子欲善而民善矣。君子之德風，小人之德草，草上之風必偃。」

以身作則是傳統主義，因為它呼籲（這是儒家道德主義的核心）美德這個內在品質，而不是外部的法律和制度體系。如果以

法而治，人們生活在一種非個人的法律體系下，那麼當事情變得糟糕時，他們可能會改變這個體系。但是，如果以德而治，一個人必須改變自己，糾正自己，而可見的外在變化、那些傳統的稀釋劑都會被摒棄。到1890年代，在儒家歷史即將結束時，傳統主義者指責當時的「改革者」意圖改變體系（法，「法律」:「改革」的詞組是變法），從而違反了永恆的儒家禁令:如果時代需要糾正，那麼就需要人們提升內在的美德（德）。正如喬治·奧威爾（George Orwell）所說（關於狄更斯〔Charles Dickens〕的社會思想的含義），改變內心的建議是保守派捍衛現狀的經典舉動。誠然，中國儒家文人在帝國的地位越來越顯貴，所以在抵制社會變革方面會體現出自然的利益驅動。他們發現孔子強調「美德」（關於德治優於法治，以德而治優於以法而治）的觀點，是一個非常合適的承諾。

創新者

「美德」強調崇古。這不僅意味著賢德的聖人是遠古的，道德的墮落暗示著存在原始的道德完美；而且意味著「德性」扼殺新的事物:對事物狀態外在可見的改變和潛在的新穎行為都要讓位給內心的自我修正，以及隨之而來的以同情心（sympathy）來糾正世界。內聖外王是儒家的配方。有著和諧靈魂的道德榜樣要求社會必須有和諧。

51

但「老」不僅與「新」相反，而且與「年輕」相反；孔子對美德的強調和與青年相關聯的價值背道而行。對於孔子來說，智慧

是非常重要的，而且智慧隨著年齡而增長。子曰：「吾十有五而
志於學，三十而立，四十而不惑，五十而知天命，六十而耳順，
七十而從心所欲、不逾矩。」（《論語》）

52　　與威廉・葉芝（William Butler Yeats）的〈學究〉*比較一下：

禿頭們忘了自己的罪，

年老、博學、可敬的禿頭們，

他們編輯註釋的那些詩歌

不過是愛情失意的年輕人

為奉承美人兒無知的耳朵

在床上輾轉反側時的傑作。

孔子，或者任何盡職的儒家（可能正在過著皓首窮經的日子，令
人尊敬）都不可能寫出這樣的詩句，它來自另一種文化。孔子的
文化重點在於清醒，而不是激情。隨著青春被年齡淹沒，浪漫主
義便也日漸無存。

　　這就是為什麼即使是周朝的詩集、由孔子編纂成經典的
《詩經》——在現代非儒家讀者眼中往往明顯是年輕男女的愛情
詩——都被清醒的說教式儒家傳統解釋所包圍。其中一首如下：

---

*　　譯註：中譯文參考傅浩譯本。詩歌原文為：

Bald heads forgetful of their sins

Old, learned, respectable bald heads

Edit and annotate the lines

That young men, tossing on their beds,

Rhymed out in love's despair

To flatter beauty's ignorant ear.

野有蔓草，

零露漙兮。

有美一人，

清揚婉兮。

邂逅相遇，

適我願兮。

由亞瑟‧韋利（Arthur Waley）演繹為：

Out in the bushlands a creeper grows,

The falling dew lies thick upon it.

There was a man so lovely,

Clear brow well rounded.

By chance I came across him,

And he let me have my will.

埃茲拉‧龐德（Ezra Pound）則如此演繹：

Mid the bind-grass on the plain

that the dew makes wet as rain

I met by chance my clear-eyed man,

　　　　　　then my

　　　　　joy began.

但是，一種漢代儒家文本（公元前2世紀）把它當作一則寓言來
強調下面的觀點（據說是孔子的話）：「大德不逾閒，小德出入可　　53

也。」對於據說是詩集編選者的孔子來說,《詩經》整本書並不像現代人認為的那樣是詩情洋溢之作。相反,它是一個政治道德故事,用這樣的次序表達情感以與王朝的命運共鳴——快樂(因為早期的美德),又因為美德的黯淡而經過陰鬱、絕望,然後王朝傾頹。詩歌是歷史,儒家臧否人物的極佳的歷史,對過程的關注只涉及朝代從光明到黑暗,興盛到衰落,並為這個過程的重複搭建舞台。儒家思想的高度嚴肅性將青春的歡喜變成了古人的聖人格言。

那麼,用年齡的陰影籠罩青春預示著什麼?我們知道孔子作為一個傳統主義者,必須回顧和讚美周初的封建制度,用我們現代的說法來講,這聽起來是反動的。然而,正是在這種傳統主義中,孔子才發出創新者的光芒。**當傳統主義意味著年齡的價值超過青春的價值時,我們是否發現封建主義中一些至關重要的價值被否定了呢?**孔子為封建主義辯護,但他的做法卻否定了封建秩序的一個基礎:通過力量獲得領導權。儒者,奉行孔子學說的學者,在即將到來的帝國官僚社會中佔有重要位置,在其最早的用法中,(根據現代學者胡適的詞源學假設)具有貶低性的「軟弱」的含義。

對年齡優於青春的偏好意味著偏愛智慧而不是野性的武力:戰爭主要是年輕人的事情。如果說儒家的品味不包含青春激情的浪漫,它也不包含作為封建價值之一的士兵勇氣的浪漫。正如馬克斯·韋伯指出的那樣,當王子因為聽從武士精神和青春的召喚,而不是長輩的教誨,而受到譴責時,《春秋》表達出一種對

中國精神來說很重要的東西。它基本上意味著儒家(佔據主導地位)文學對史詩的壓制,因為史詩英雄的勇氣不是儒家所偏愛的品質。在孔子編輯的《尚書》中,當一位王勝出時,他是好人,而他的敵人則是邪惡的——史詩這一文體中的道德中立在這裏是不存在的,即慷慨地承認敵人的勇氣(超越對延長生命的渴望的勇氣)模糊了那些乏味的、基本上是「老人」判斷的道德是非。赫克托耳(Hector)和特爾努斯(Turnus),在最偉大的希臘和羅馬史詩中死於阿基里斯(Achilles)和埃涅阿斯(Aeneas)手中,他們都是英雄,儘管從作者的立場來看他們是站在「錯誤的」一邊。中世紀歐洲騎士的價值觀將封建英雄放大到史詩般的身形,穆斯林的薩拉丁(Saladin)是獅心王理查一世(Richard I)一個公平的(儘管是黑暗的!)對手。但是,孔子和儒家傳統遠非這些封建價值觀,它從未允許這種模棱兩可或道德上的含糊不清去侵犯他們對人和事件的描述。

那麼,孔子就是一個充滿巨大悖論的人物、一個創新的傳統主義者、一個未來時代的預言者,這一未來時代將與他看上去在尋求復興的古代發生衝突。他是一個雅努斯(Janus)那樣的雙面人物,同時向前和向後看:向後看,因為在理想中,在周初,在封建解體之後的是統一和穩定;向前看,因為傳統中國唯一可能的統一和穩定擺在他面前,是全新的後封建秦漢帝國。他對以往封建秩序的讚賞並不是有效的積極態度,而是反對當前封建無秩序的象徵。因為任何肯定都可以有多個否定;當他以往昔秩序的名義譴責當代混亂時,他是為了隨後而來的秩序而做的,不是永

54

恆的理想，而是歷史性的可能的秩序。這是一種辯證的情況，就像歐洲文藝復興和宗教改革時期的人們一樣，他們分別用古希臘文化和福音基督教來替代中世紀的某些傳承，並且這樣做預示著背離中世紀價值的現代取向，而不是真正恢復舊的東西。

對於孔子來說，舊的東西表現在他的詞彙中：比如，君子這個來自封建等級的詞在《論語》中無處不在。但新的東西也有表現，即對這個傳統詞彙的創新。孔子以他特有的方式把這個詞彙道德化了；它隱喻的新意義，如高貴的人、上等的人，讓人回憶起封建秩序。但是現在代表美德和學問 —— 兩者都與封建的等級制度無關。

簡而言之，當孔子想像一段輝煌的歷史過往時，他是在對自己的時代和那個時代有缺失的思想進行尖銳的批評。他的思想中，浪漫的古董夢想很少。他不以任何被動的、逃避現實的形式為衰退而憂鬱，也沒有在懷舊中尋找避難所。他從未表現出堂吉訶德式的心態，孔子的傳統主義是一種哲學原則，而不是一種心理上的安息之地 —— 這個具有高度穩定性的哲學原則在智識上適應新興的社會，而不是在情感上逃避自己所處的那個正在崩塌成廢墟的社會。

第六章

諸子百家

在周朝後期，從孔子逝世（公元前479年）到秦朝統一帝國
（公元前221年）之間的幾代人中，活躍著各種相互競爭的思想流
派。在《史記》中，司馬遷給我們留下了他父親司馬談帶有道家
傾向的〈論六家要旨〉，將「百家」概括為六個主要學派：陰陽五
行家（陰陽五行學說）、儒家（孔子學說）、墨家（墨子學說）、名
家（邏輯家）、道德家（道家學說）和法家（法家學說）。

主要哲學流派的簡要辨別

陰陽五行

陰、陽是符號，表示支撐宇宙組織的兩個相互關聯的原則。
原來陽是「太陽」，陰是「影子」；它們被用來表徵其他相關的東
西，如「男性」和「女性」，並與人類和宇宙秩序之間的聯繫有關。
「五行」理論一開始是獨立的，最終與陰陽聯繫在一起。木、火、
土、金和水這五行，在一個不變的循環中相互接替（正如陽和陰

57　的交替有一個永恆的節奏），每個都同一特定的季節、方向、顏色、美德、身體器官、味道、植物和家畜有根本的聯繫，或者有象徵性的平行對應關係。

儒家

孟子 (公元前 372 年–公元前 289 年) 被儒家稱為「亞聖」；偉大的唐代學者韓愈 (768–824) 將孟子稱為孔子學說的特殊繼承人，也是最後的傳播者。在孔子所強調的幾種道德品質中，孟子特別讚揚了「四德」：「仁」、「義」、「禮」、「智」——人性之善、行為適宜、儀式和人道智慧。像孔子一樣，他強調「正名」的重要性，並將這一原則與君主的義務聯繫起來。除了人民的福祉之外，真正的君主不應該關心其他；人民應該吃飽穿暖，免受戰爭帶來的恐懼。真正的君主所必需的美德在每個人身上都是潛在的——也就是說 (一) 人類天性是好的，任何一個人都可以成為聖人 (如果他朝著成為聖人而努力)，以及 (二) 君主可能失去那個最初使他們的世襲合法化的理由——「天命」。因為，就像美德可以存在於任何地方一樣，邪惡也可能到達王座之巔，並使坐在王位上的人成為最差的人而不是最偉大的人。

對荀子 (公元前 315 年–公元前 236 年) 來說，外在的禮比內在的仁更接近他關注的核心。跟孟子不同，他更關心社會控制而不是以身作則。對於荀子來說，人的本性是邪惡的。在更大的程度上，同直覺型的孟子相比，荀子是一個系統的推理者，意圖對儒家思想作形式邏輯上的表達。

　　孔子之後，孟子與荀子之前，有兩位大儒，曾子和子思，傳統上被認為是《大學》的作者。子思是孔子的孫子，還被認為是《中庸》的作者。這兩本經典（原來都是《禮記》的章節）合在一起，強調主觀能力和依照客觀自然（道）進行自我調整的必要性，即人類在宇宙 —— 社會統一體中和諧完整性的達成。這兩本經典也確實是與《孟子》和《論語》（孔子學生記錄的與孔子的對話）一起，被宋朝哲學家朱熹並稱為「四書」，成為儒家（或「新儒家」）教育的核心。

58

墨家

　　墨翟，或稱墨子，活躍於公元前479年至公元前381年之間，是孟子專門攻擊的目標。墨子最重要的思想主題是兼愛、實用主義和邏輯。孟子集中攻擊第一個，因為兼愛意味著拒絕孝道。孟子將墨子與道家個人主義者楊朱放在一起，他說：「無父無君，是禽獸也。」因為楊朱的觀點「人人為我」就暗示著拒絕為君主盡忠。

　　儒家不能接受兼愛，而墨子用功利主義為兼愛辯解，這使其更難為儒家所賞識。兼愛意味著相互的慷慨，這樣人們可以期待一個公平的回報；一個人可能不會特別照顧自己的父母，但是別的兼愛者無疑會提供補償，最終將是最多的人獲利。但是「利」對儒家來說是詛咒，特別是對它的追求意味著，就像墨子那樣，放棄像音樂和繁縟的葬禮這種形式上的東西。同樣，還有墨子對權威和先例的拒絕（那些儒家的必要條件），這種拒絕實際上是青

睞以抽象推理作為獲得秩序的工具 ——這也是墨家「墨辯邏輯」的源頭。

兼愛的一部分功用應該是，它或許能夠對諸侯國之間的和平作出貢獻。但是，墨家認為，在短期內，必須通過阻嚇侵略者以達成和平目標，而且墨家對作戰方式的問題非常認真。

名家

「名家」，字面意思是「名稱學派」，似乎在認真對待儒家的「正名」問題，但他們被認為是蔑視儒家對實際適用性 (practical applicability) 的關注。這些人物，如惠子 (約公元前380年–公元前300年，僅通過當時批評他的道家莊子才為人所知) 和他的弟子公孫龍，以他們的悖論和對話而引起公眾的興趣，但最終被打上「空言」傳播者的標籤而遭摒棄。這個學派最著名的貢獻是關於普遍性的文章，即《公孫龍子》中的〈白馬論〉和〈堅白論〉。關於「現實」與感知知覺可以接觸的品質之間的關係，這是一個在任何地方都存在的哲學問題，在這裏它找到了一種中國式的表達。

道家

可以確認為先秦時期道家經典的是《道德經》和《莊子》。它們只是在作為某些概念的重要資料庫的意義上而為「經典」。它們從來沒有受到 (儘管有過唐帝國的短暫支持) 像儒家經典一樣忠誠的保護，或者在教育中得到儒家經典那樣的官方地位。

《道德經》被認為是李耳（更為人熟知的名字是老子）所作。他的出生日期傳統上被定於公元前604年，這與我們所看到的其作品成書日期不符。《道德經》（「五千言」），其融貫性和它由同一作者完成這兩點還未被完全接受。有現代學者認為，它大概是公元前3世紀上半葉的產物，但現在的專家意見否定了這個時間定位。雖然老子被認為是道家的本源，但《莊子》這部道家學派真正令人矚目的文學傑作，卻有更早的材料：它基本上是公元前4世紀的作品，又有後來的一些材料摻雜進去。第三部著作《列子》，通常認為是《莊子》中提到的一位聖人所作，現存的版本可能成於300年左右，接近於《道德經》和《莊子》最早的註解出現的時期。「自然」是《列子》的基本概念。《列子》其中的一個章節是〈楊朱篇〉，享樂主義者楊朱正是孟子最憎惡的人之一。

正如這些在不同程度上有很大解釋空間而又很神秘的作品所表達的那樣，哲學的道家頌揚了一種自然的自發性，即無自我意識的人對道的參與——道是一個不可定義的單一整體，囊括了生死及存在的基礎。事實上，任何定義（特別是儒家道德所規定的界限），任何用來進行區分的原則，都令道家反感——這是道家對所有判斷的相對性感覺的來源。這些文本中充滿悖論，這些悖論試圖（矛盾地）表達無法表達的東西：例如，通過不行動（無為），所有事情都可能完成（這是一個在政治上很關鍵的概念，是哲學無政府主義的道家表達）。「斫而不傷」（或無數其他類似的矛盾表達）：這就是瞭解「道」（但不是通過「瞭解」）。這就是永遠存在的道，對急匆匆的追求者隱藏，向不作思考、一心一意的清

靜無為者開放。那些清靜無為者不被時間推動，帶著一個從不尋求確定性的人的確定性。有一個莊子和蝴蝶的故事——世界文學中最著名的比喻之一：莊子夢見他是一隻蝴蝶；醒來，他**是**夢見自己是一隻蝴蝶的莊子嗎？他是（同樣不可確定的）一隻夢見他是莊子的蝴蝶嗎？——或者（這個觀點，用學術界沉重的語句試圖替莊子提出一個觀點），是否只有一個世界，充滿一切都沒有任何差別的存在，沒有個性化的主體，沒有毫不含糊就能確定的標識，沒有固定的地標和視角，只有在普遍節奏中搏動的脈衝或飛舞的翅膀，只有在運動中移動的存在，而且只能靠靜止不動而移動？

法家

　　法家，從公元前4世紀開始有重要影響（起源較早，在一個世紀或更久以前），是一種嚴酷的現實主義學說，對於人的本性以及託付於在道家自由主義或儒家道德主義世界中獲得秩序的機會感到悲觀。權力，而不是美德或知識，就是一切，而權力國家中君主的權力應該最大化。這一思想流派的主要著作是《商君書》（公元前4世紀初）、《管子》（可能最早成書於公元前4世紀後期，在漢代被編纂成現在的版本，據傳是公元前7世紀的政治家所作）和《韓非子》（韓非，卒於公元前233年）。韓非綜合了早期的法家理論，強調「術」和「法」——統治者利用掩飾的伎倆把人民蒙蔽在黑暗中來操縱他們，同時讓他們清楚地意識到他毫不留情的法律和嚴厲的懲罰。

61

　　《商君書》和《管子》強調了農業的重要性。《管子》（在某些方面自成一格，並非真正適合劃入法家學派）是有關經濟史的一個重要但難懂的文本。它用很大篇幅討論治國方略的經濟問題，並且公開表達了一種對「利」的現實關注（不像儒家的蔑視或屈尊俯就）。管子對世界的觀念是，高尚的（儒家）道德基調不能替代經濟富足——事實上，除非是騙局，如果經濟上不夠富足，高尚的道德就很難存在。

閱讀材料

Waley, Arthur. *Three Ways of Thought in Ancient China*. New York: Doubleday Anchor Books, 1965. Paperback (original edition 1939).

———. *The Analects of Confucius*. New York: Random House, 1960. Paperback (original edition 1938).

———. *The Way and Its Power: A Study of the* Tao Te Ching *and Its Place in Chinese Thought*. New York: Evergreen, 1958. Paperback (original edition 1934). See also Lau, D. C.. *Lao Tzu:* Tao Te Ching, Harmondsworth: Penguin Books, 1963. paperback.

Watson, Burton. *Hsun Tzu: Basic Writings*; *Mo Tzu: Basic Writings*; *Chuang Tzu: Basic Writings*; *Hai Fei Tzu: Basic Writings*, New York and London: Columbia University Press, 1963–1964. Paperbacks.

Wilhelm, Hellmut. *Change: Eight Lectures on the* I Ching. New York: Harper Torchbooks, 1964. Paperback (original edition 1960).

爭論和創造性

　　當孔子的時代過去幾百年之後，他終於成為中國知識分子的卓越聖人，證明了育成其天才的周朝晚期社會的思想活力。他是否也證明了這種活力在漢和其後的時代喪失了？他聲名鵲起，這也就是對其天才的承認，想必排除了任何有力的思想挑戰？首先，我們必須注意到這個推定不太扎實：正如我們將要看到的，道教和佛教是公開地、法家則是隱蔽地（即沒有組織，沒有一個連貫的信徒團體）繼續挑戰儒學（並影響它），而儒學本身也發展出各種表達方式。這個推定的歷史可以追溯到20世紀初的中國，當時「進步的思想」（社會達爾文主義）已經進入中國人的世界，進步作為鬥爭的成果，獲得了重要的影響。儘管如此，無論現代人對於將儒家簡單化的過程應該負什麼責任，即使從漢代及其後的儒家學者自身的觀點來看，周朝晚期的中國的確與其他時代不同。那是一個思想的母國，在那裏，他們所信奉的原則在激烈論戰的環境中戰勝了其他選擇。

　　爭論與活力的關係是什麼？討論他們之間的任何關係是否根本就是同語反覆？我們是否只是說，哪裏有行動哪裏就有生命，而爭論就是行動？或者，我們是否恰恰在爭論的**結果**中看到活力，即事實上是在「百家」爭鳴中確立了對儒家思想長期持續的接受？儒家思想的長壽源於其特點，而其特點則形成於最初爭鳴的條件下。

　　在思想特質上，儒家**思想**（Confucianism）是一種「中庸」。正如我們將要看到的那樣，儒士（Confucianists）——主要是與秦以後歷代王朝裏的官僚階層密切相關的知識分子——在社會性格上處於貴族和專制之間。我們不妨假設，儒家思想的「中庸」特質使其尤其擅於傳之久遠，亦使其在即將到來的長久的官僚社會中**至關重要**。當使用周朝末期的論戰對手們作為框架來觀察時，儒家思想的「中庸」便清晰地顯現出來。

　　道家的所有教義都指向自我主義：自我是道家的核心關切——或者更確切地説，是對自我的放逐，把自我從致命的、死亡導向的自我意識中解放和救贖出來。這種對自我的放逐並不是墨家在兼愛的主宰下對自我的放逐；後者是**無私的**，不是利己的。在這兩者中間是儒家思想，強調「差等之愛」，即對劃定的特定人際關係的情感。這種關係既不是墨家對社會全部不加區分的愛，也不是道家清淨無為主義者對任何社會依賴的超越。儒家思想代表著「附近」，正處於道家個體之「此地」與墨家普遍之「遠方」的中間。從這個意義上説，中國的家庭團結和中國的文化區別（不是自我，不是世界，而是**家庭**和**文化**）成為典型的儒家世界觀的核心部分。

63

但是，同墨家相比，法家是更「外在的」社會性的極端，它與道家「內在的」反社會極端相匹配，彰顯了儒家「內在－外在」妥協性的中間。《大學》將修身（自我修養）和平天下（世界太平）的概念絲絲入扣地聯繫起來。兩者一種是個人的美德，另一種是集體政府的美德。儒家理想是在治理者的道德輻射下，在被治理者之間建立起社會秩序。然而，法家則片面地強調「平天下」（沒有儒家那種與自我修養相匹配的關注）和社會秩序。他們認為一切都歸功於行使或者具有威脅性地保留專制權力，認為憑美德而不依賴武力或法律的以身作則的治理方式沒有任何價值。而作為哲學無政府主義者的道家（更具體地説是莊子），則強調另外一面，反對政府，反對社會秩序。他崇尚自我的原始美德，既不願被法家的專制操縱者篡改，也不願被那些儒學造作的、反天性的**社會**影響和教育篡改。

64 　　對於道家，自然的都是好的，更不要説人性了；因此教育——一種來自外部的人造光澤——只能是對天性的傷害。對於法家來説，人性是邪惡的，因此只有暴力可以控制它。但是對於儒家而言，人性是好的（孟子一支，更接近道家），因此**適合**教育；或者它是邪惡的（荀子一支，更接近法家），因此**需要**教育。無論哪種方式，這種儒學的模糊性，對應於內外的模糊性，對應於在道家「內在」和法家「外在」之間的模糊性，是另一種中間選擇，而教育剛好站在道家心靈上充滿喜悦的清虛與法家的相信暴力而不是相信學習之間。

　　儒學對教育的信心具有根本上的模糊性，這也許可以通過一個現代類比來澄清。教育，高雅的文化，是儒家特別關注的，

與儒家的另外一個關注，即社會秩序 (通過禮的體系來保證，禮是「禮儀」的儀式形態) 聯繫在一起，具有原始弗洛伊德價值的氣息。西格蒙德·弗洛伊德 (Sigmund Freud，特別是在《文明及其不滿》中) 認為教育的「社會化」力量是借遏抑本能的滿足而實現的，即「本能的崇高犧牲」，這不可避免地產生了「不滿」，但也通過「升華」潛在的破壞性本能，使藝術和更高形式的人類表達成為可能。儒學思想中沒有暗示任何心理轉化，沒有暗示任何社會規訓和高級文化的**因果關係**，但這兩者的聯繫在其中是存在的。這種聯繫在道家中不存在，因為犧牲掉本能永遠不會是高尚的。這在法家中也不存在，因為把本能這個反社會的天性犧牲掉就是它的一個目的，這個過程不能通過升華將精神能量轉化為高級文化，這可以想像為法家社會控制的副產品。

有人認為道家和法家兩個極端走到了一起；從某種意義上說，他們確實在利己主義這一共同點上做到了——孤獨統治者 (國家中的唯一) 的專制利己主義和孤獨隱士 (自然界中的唯一) 的無政府主義利己主義。統治者在法律上的機械操作和中立性與道家的不干涉、不篡改自然的中立性理想近似。這造成了它們對儒家社會和思想規訓的共同反感，因為它同時是對無政府主義和專制主義的克制。歷史是儒家最注重的學問，歷史也是儒家最鍾愛的辯論手段，而將儒家夾在中間的道家與法家卻同時摒棄了歷史。對於主張無為的道家來說，歷史是令人疲憊的關於行為的故事，是人類損害自然狀態的過程；對於法家來說，尋求歷史就是尋求先例，是對權力的一種不受歡迎的限制

65

（因為任何限制措施都是不受歡迎的），是對統治者行動自由的完善性的一種損害。

事實上，法家開出的處方主要是政治性的，而道家的處方，如此徹底的反政治，作為**建設性的**力量，主要具有文化意義（儘管像我們將要看到的那樣，道家可以具有政治破壞性）。只有儒家有著完美的比例，因為它是真正的中庸之道。它的思想遍及政府領域（正如法家所做的那樣）和想像領域（正如道家所做的那樣）——這就是說儒家思想打破了各種孤立的學派之間的藩籬，並在任何純粹意義上，把它們變成假想。我們將看到儒家思想和法家思想如何在官僚－帝國的後古典政權中共同製造政治中國，以及儒家思想和道家思想如何共同構建文化中國（佛教尚未來到）。這兩者的共同點，中間道路或中庸，意味著穩定的平衡支點，是**儒家思想**。

什麼是穩定，但同時又是生存的力量，哪種是生命力的力量？將征服或鬥爭的時期看作是「健康的」，把成就和勝利視為致命的感染而勾銷，這好像是歷史學家一種浪漫的弱點。真正的文化悖論，關於文化繁盛真正有價值的問題尚未建立：不是「戰爭是文化國家的生命力嗎？」（「勝利是失敗嗎？」），而是「什麼樣的價值體系可以調和文化繁盛和隨之而來的社會災難？」人們是會評判的，而無論他們是如何執著（和異想天開）地評判，作為歷史學家，他們還是可能將他們的研究引向這樣一個問題：「事情到底是怎樣的？」我們先把評判這個問題暫時放下，等看到唐朝的解體再重加討論。

第七章

戰國與秦

用武力解決一盤散沙的問題

儘管秦最終清算了周的封建制度並建立起新的集權帝國體系，但從春秋時期直到公元前5世紀時，秦在政治上仍然微不足道。它不是最初「戰國」這場大戲的主角「六國」之一。面對著地處中國世界西北邊陲（在今陝西和甘肅地區）的野蠻人，秦被內地國家認為至少是半野蠻人，而六國從未組成有效的聯盟應對它。六國之一，處於南方（即今湖南、江西和四川）的楚，在其他五國看來是最大的威脅。甚至當楚委靡不振時，五國聯合反楚的熱情模糊了它們對秦國本性的認識──秦才是滾滾向前摧毀一切的征服戰車。在公元前333年，各國拼湊出一個聯盟，但那只是真相畢現的時刻。到公元前221年，一盤散沙的六國，一個接一個消失於秦的掌控之中。

最初的西周采邑分封，根據不同的早期記載（例如《左傳》、《史記》），產生了70至90個封建國家，其中三分之二是周的國

姓（姬）。在這之後，分封繼續，到春秋開始時封地已達數百塊。但到了公元前4世紀，這個數字已降至十，最終降至一。無論曾經有過什麼樣的團結，無論它多麼接近儒家的偉大道德聯繫環鏈的理想，周還是被互相殘害的戰爭打散；周的中心無法再維持下去。秦重建了統一，但我們必須強調秦的統一不是通過道德，而新的、實際的統一也不符合封建的理想標準。現在的統一是一個具有新的文化、經濟和政治特徵的社會，一個以中央集權國家為基礎的官僚社會，這個國家由有文化的官僚機構管理，它的權力來自土地利益和官職利益的結合。

政治動盪的社會影響

68

　　秦通過其特定形式的戰爭結束了「戰國」的政治存在；這種戰爭在此前已經顛覆了他們所屬的封建政體的社會基礎。在周朝早期，以及回溯到商朝，戰爭幾乎是貴族的專屬，由貴族在戰車中主宰軍事行動。很久以後，到了公元前5世紀或公元前4世紀，馬背上的下層貴族遍佈戰場。正是在秦，恰恰是在那個國家的公共權力首次侵犯私人貴族權力的地方，農民開始成為士兵，而不再僅僅是戰爭中的護衛和僕人。因此，職業軍人的貴族榮譽變淡，而且連帶的貴族利益——土地使用權（因為為宗主服務而授予領主，這是只在土地上耕作的農民無法得到的，如歐洲的農奴）——開始失去其基礎。秦的農民（以及一般大國的農民）獲得了土地佔有權，正如秦的農民成為新的軍隊主

力一樣──在秦，他們的國內，農民軍人的出現幫助消滅了封建主義；在國土之外，將來會成為秦的地方，農民軍隊的力量直接消滅了封建制度。當秦征服了新的土地時，那裏的行政權被移交給由中央任命的國家官員，而不是交給貴族的、分裂的封地的擁有者。

秦用來摧毀封建主義的力量並非其特有。各地的人口都在增長，在鐵的使用等創新的刺激下，農業技術大為改善：例如鐵犁耕作。交通工具也得到了改善，促進了開始形成的貿易關係，並把新興的城市連接起來。這個過程使得將處於奴役狀態下的人們綁在土地上更加困難（如在封建歐洲的後期）。

事實上，要支撐人口的生存，土地所需要的不僅僅是牲畜拉犁的推廣。戰爭可能會使人口減少，而在戰國時情況也確實是這樣。但是灌溉和防洪可以幫助維持人口，治水也變成絕對必須的任務（通過建設堤壩的工程來治理黃河，以控制其不斷上升的河床和決口改道的威脅）。因此，中央集權國家調動力量的能力幾乎是不可或缺的；因為必須大面積動員勞動力，要組織國家機器來監督這項任務，還要徵集資源以支持這一努力──並支持國家自身。中國歷史上最強大的集權者幾乎總是引用《周禮》這部經典之作，這毫不奇怪，在《周禮》中，工部（司空），理論上負責治理水害和興修水利的公共工程部門，總是保留給周的統治家庭成員。當然，事實上周是漸進式的去中心化，但是儘管《周禮》作為歷史基本被視為後世附會和偽造的，它還是反映了在周的崩潰中出現的一些新價值。

　　終極目標是建立一個強大的國家，在這個國家中，民眾獲得滿足感，並由一位強大的統治者維持秩序。君主的大臣們的職責在於不斷加強中央權威，保持對社會的警惕，使敵對運動不得發生。在這樣一個國家，沒有不同的階級，要求與統治者分享權力的貴族階層沒有存在的空間。封建貴族一直是衝突的起因，在新國家形成的過程中，貴族將被淘汰。在執行命令的人和服從命令的人之間仍然存在等級的差異。但是有官銜的官僚本來就僅僅是君主的僕人，是君主創造和維持秩序的工具而已。因此，這個社會中沒有任何因素會在統治者和被統治者之間行使權力。

　　在當時所有盛行的思想體系中，有著強烈國家主義思想的法家與那個時代最為吻合。齊國（在今山東）甚至在秦以前就開始使用鐵器，並且因為控制了產鹽而成為大國。這一點值得注意，有兩個原因：其一，在即將到來的帝國中國，鹽和鐵的貿易成為最堅實的國家壟斷，該壟斷對國家極其重要，也對其形象有象徵意義。其二，被（後來人）稱為法家的管子是齊國最傑出的思想家。但是，秦國超越了齊國法家的努力，秦的大臣公孫鞅（或稱商鞅）為戰國及其後的歷史帶來了遠遠大於管子的影響。

　　作為集權主義者，商鞅有更多易於利用的因素可以選擇。因為對中國的社會穩定構成了持續威脅的不僅是乾旱或洪水，還有野蠻人的劫掠，而秦在防禦野蠻人方面發揮了重要作用。這也刺激了建立國家以及用官僚方式組織勞動的努力。在公元前4世紀和公元前3世紀之交，秦作為「戰國」之一，建造了一座抵禦戎狄入侵的牆（雖然不是第一個：其他國家已經建造了類似的牆），它

成為了長城的一部分。長城是幾十年後，秦作為帝國統治者時，一項大得令人難以置信的工程，商鞅那時已經出場了。

　　公元前361年到公元前330年之間的秦國體驗到了法家商鞅的嚴酷（他最終被車裂處死，為了使他痛苦而將其撕成碎片）。當他的支持者秦孝公在世時，商鞅能夠對封建制度進行攻擊。普遍適用的刑法、度量衡的標準化等舉措自有其作用，但是具有最廣泛反封建影響的是新土地政策。長子繼承權被終止（後來只有在漢朝以後，公元前2世紀開始，才又長期出現），也就是說土地在繼承人之間可以**分割**，削弱了個體面對國家時的力量；這意味著土地**可以轉讓**給普通大眾，成為一種商品，對所有人開放。在標準的儒家敘述中，這些發展都歸在「商鞅廢井田」的標籤下。

　　孟子描述了「井田制」，它對後來所有的儒家來說仍然是社會和諧的一個理想，甚至對於那些像朱熹一樣的人也是如此，儘管他們認為井田制在自己的非聖賢時代是不可行的。井田制也是某些現代社會主義者的靈感來源。這個名字來源於「井」字，一塊像井字的有九個正方形地塊的土地（共三里長，三里寬）。八個家庭各自耕種自己的地塊，又同時為領主和公共權力機構耕種中間的那一塊公田。雖然孟子描述的那樣有規劃和普遍性的系統毫無疑問不曾存在，但他的「井田」描述（以及其他一些經典參考文獻）很可能是對早期利用土地的系統中關於公田的記憶，有一塊公田，它的主人高於農民並受到他們供養。無論如何，莊園財產已經發展起來，而且我們必須將這些被儒家稱為秦廢井田的行為看作是秦在攻擊封建制度的權力分散。秦所做的是建立購買和

70

出售土地的自由權利(這確實是對一種假想的定期固定分配的井
田系統的顛覆)。這意味著秦將其重要的稅收權力擴展到整個疆
域,並將這種理想傳給了後來的朝代。

在秦將其政策推至整個帝國疆域的同時,法家的措施也繼續
被採納和擴展。公元前246年登基的秦王嬴政在公元前221年成
為秦始皇帝(卒於公元前210年)。作為一個暴怒、急躁甚至是狂
妄自大的人,他已經作好了足夠的準備,去實現法家的權力目
標;他的臣子們提供了很好的服務,彌補了他所缺乏的非個人
的、理性的法家風格。商人呂不韋(公元前237年被剝奪權力,
公元前235年自殺)和李斯(約公元前280年–公元前208年,接
替了呂不韋的影響力)實施了許多領域的標準化,包括法律、文
字、鑄幣、度量衡等。商鞅過去對封建主義的攻擊得以完成,整
個帝國分為36個郡,官員由中央任命,封建政治影響力大幅度
減少。為了結束封建軍事影響,武器從私人手中被奪走,同時國
家尋求對軍事力量的壟斷。書籍被收繳集中,尤其是那些借古諷
今的儒家經典。李斯在公元前213年焚書,他堅持認為,不能允
許儒家歷史傳統的記錄去影響法家抽象理念的純粹光芒。

秦始皇本人在公元前212年下令「坑儒」(約四百人),這是對
儒家(以及其他思想學派)的瘋狂攻擊,以配合理性地取締儒家
思想。秦建立了帝國,而「國家利益」(*raison d'état*)使其反封建和
(在初期)反儒家:法家國家與封建莊園相衝突,法家的理性與儒
家對歷史的信念相衝突。

閱讀材料

Hsu, Cho-yun. *Ancient China in Transition: An Analysis of Social Mobility, 722–222 B.C.*. Stanford: Stanford University Press, 1968. Paperback (original edition 1965).*

---

*　譯註：中譯本為：許倬雲著，鄒水傑譯：《中國古代社會史論：春秋戰國時期的社會流動》，桂林：廣西師範大學出版社，2006。

歷史類比的問題：
（二）封建主義作為歷史階段

雖然歷史學家對「封建主義」的定義進行了各種完善，並辨別和限定它的各種變體形式，但它仍然是一個單一的名稱，是對中世紀歐洲歷史一些政治、社會和經濟事實的抽象。然而，我們已經輕率地將它強加於周的歷史事實上。那麼，讀者是否曾經停下來考慮過我們做了哪些巨大的假設呢？一個名稱，一個普世的概念，由特定的東西（**歐洲的**）推演出來，被加在獨立於被歸納物的世界而發展出來的（**中國的**）東西上。這是否意味著我們做了一個判斷：歷史是統一的；在這種情況下，漫長世紀的中國和歐洲的歷史有可能真正互換？或者，是否歐洲術語「封建主義」的使用提供了一個並非客觀的**歷史類比**，而是主觀的**歷史學家**所做的比較案例，用來澄清中國和歐洲歷史的個性，而不是它們的同一性？歷史的類型學，如斯賓格勒（Oswald Spengler）和湯因比（Arnold J. Toynbee）的理論，假設了一種各文明之間形態一致、相互平行的生命週期。馬克思主義者（當然包括中國馬克思主義者，正如我們在討論商代「奴隸社會」問題時提到的）也在歷史中

尋到一個普遍發展的原則。以下兩者之間有什麼區別？一個假設是各種歷史記錄中有統一性，另外一個假設是一個可以解釋**某一種**歷史的原則——如果這個原則真的能夠解釋、能夠真正建立多重數據之間的某種統一性——那它也可以作為一個理論的出發點去解釋另一個不同的歷史。

　　那麼，我們首先承認封建主義是歷史學家附加在一個**單**一歷史中的事物組合的名稱，例如西歐的歷史：我們必須從某個地方開始，那麼從歐洲開始只具有啟發性工具的意義，沒有任何規範意義。但是這種組合只有在事物看起來彼此合適的情況下才值得獲得一個名稱，形成一個小小的世界，而不僅僅是隨機相關。任何其他單一歷史（例如周的歷史或日本歷史的一部分）似乎越是多元和複雜地產生了類似的組合，歷史學家就越確鑿地擁有了一個數據世界，而不僅僅是聯想。他有理由假設在歷史上某些事物**是歸屬於一起的**——例如私人擁有政治權威和繼承制度中的長子繼承權、禁止土地的自由處置等。「歸屬於一起」並不意味著在歷史上，組合裏的這些元素其中一個在沒有另外一個的情況下不能存在。「歸屬於一起」意味著，如果「封建主義」一詞被正確地使用了，某些特徵則必須共同存在。

　　能證明這並非在語義上錙銖必較的事實是，封建主義的數據世界，即組合中的必要成分，既是靜態的，也是動態的。封建主義既有制度又有過程——一方面是它的典型制度和價值觀，另一方面是**趨勢**。關於它的發展方向的事實同時也是揭示它是什麼的事實。因此，歷史學家在測試一個社會是否封建社會時，尋

73

求的可能不是貼標籤的純粹樂趣，而是看到標籤多個含義中的一個：資本主義即將到來。因此，可以引用周代以後非封建的帝國中國和封建的中世紀日本之間的區別來揭示，為什麼日本相對容易出現在現代資本主義世界中。

正是在這裏，作出以下的區分變得非常重要：是一種制度在不同歷史中的實際重複，還是關於這個制度的**概念**是否適用於對不同歷史的分析。如果從歐洲歷史來判斷，並以日本的平行案例來加強這一判斷，我們可以得出結論，封建主義的一個特徵是它形成了實現向資本主義進化的基質。那麼，只要我們尋找實際的歷史類比，儘管周代中國有很多與外國封建制度的「靜態」近似之處，似乎還是缺乏建立類比所需的動態內容，因為周代中國演變成為一個在很多方面與資本主義分道揚鑣的儒家官僚社會。如是，我們是否應該試圖通過削減封建組合中的特徵清單，去除培育資本主義的內容，讓封建主義去適合周？我們是否應該嘗試相反的手段，通過承認封建特徵所有的各個變種，讓周去適合封建主義？但是，通過任何手段，以忽視它應該與之相關的原始歷史問題為代價，去從歷史中保留一個抽象，又有什麼好處呢？我們需要看到的是，周朝的中國沒有像中世紀的歐洲那樣確定無疑地被歸類為封建，但周代中國已經**足夠**封建，這便引出一個至關重要的問題：是什麼阻止周實現在歐洲意義上的封建主義的全部含義？

如果我們定義封建主義以使其與資本主義的起源相關，同時如果認為周代中國在很多方面足夠封建，足以在理論上預期資本

主義的發展，那麼封建主義理念在這裏的應用就會引出這個問題。什麼力量抑制了中國的資本主義？儘管在中國有一個表面上封建的、因而是潛在資本主義的社會，但是它演變成反封建的某種東西，而不是按西方順序出現的資本主義。或者，給這個問題一個正面的說法——為什麼一個假設的封建主義讓位於一個不僅是反封建的也是反資本主義的官僚社會？封建假說解釋了周代中國的大部分，以至於這促使人們去問為什麼它不能解釋其全部。

以西方封建主義的觀點衡量，秦前社會和秦後社會之間無可否認的質變，會被視為從一個與歐洲封建社會**不完全**類似的社會轉向一個反封建社會的過渡。秦後開始反封建，也反資本主義——實際上是對資本主義的持續抑制——表明與歐洲類比之不完整。在帝國官僚中國（imperial bureaucratic China），儒家思想似乎與周代封建主義之間和現代資本主義之間距離相等。而封建的理想類型，通過對比儒家思想的靜態和動態特徵，幫助我們定義其結構和變化的可能性，是我們理解儒家中庸立場的關鍵。

我們談到過儒家的重智識性與封建制度下對武士的讚賞背道而馳。儒家反對騎士英雄準則而尊崇長者，反對勇氣而崇尚學識，提倡檢驗知識的科舉系統（漢朝勾畫輪廓，唐朝鞏固完成）作為獲得權力和聲望的理想道路，繞過那些封建制度賦予出身地位的法律保障。科舉考試強調**傳統的**知識，而不是原創的思想，因為重視年齡超過重視青春，不僅意味著重視參謀而不是戰士，也意味著喜舊厭新：以先例為規則，以榜樣為規則。

75　　　　對先例的這種崇敬可能聽起來接近於封建主義，但是封建的發言人，正如我們從歐洲的經驗中所知，只有在封建主義要過時和遭到抨擊之際才會大談傳統。實際上，通過尋求先例，儒家思想與封建主義相分離，而不是相連接。因為雖然儒家傳統主義認為美德可以用客觀規範來表達，卻是基於拒絕法治、支持德治的。法治是以法律（人為的、同時也是人可能會改變的制度）治理國家，而德治則是以道德治國，以榜樣來感染他人。儒家社會的目標是穩定的道德網絡──所以囿於先前存在的真理，以至於改變想法的前提總是排除改變制度的可能──而不是像封建主義那種不穩定的法律網絡。儒家社會理想旨在表達一個垂死封建社會的最初視野，這個事實並不妨礙我們作出這種區分。因為儒家理想通過珍惜古老的封建詞匯，同時給它注入新的內涵，反映了社會變革，以及對傳統主義（它是阻礙變革的一個錨點）的知識性變革。

　　封建主義與資本主義的相關性，在於它們對法律和契約的共同依賴，而這正是儒家思想所缺乏的。馬克斯·韋伯認為如果沒有非新教（non-Protestant）的儒家倫理，資本主義可能會在中國發展。他通過展示非新教的儒家倫理作為資本主義在中國發展的抑制因素，來為他著名的新教倫理帶來歐洲資本主義的論點作反例。他假設，在儒家倫理處於突出地位的漫長歲月中，中國社會比歐洲封建社會有更強的原始資本主義。他有這樣的假設，是因為沒有強調歐洲歷史上契約法律主義的連續性，而是集中在現代資本主義和中國帝國社會裏由秦開始的反對封建長子繼承制這一

明顯的共同目標上。可是兩者目標並不相同。相反，封建主義與資本主義的聯繫更緊密，因為兩者都建立了對財產擁有者的法律界定；封建的階級凍結和財產凍結只能被它們所引發的革命掃除掉，以使資本主義個人主義得以成長。但在帝制中國，反對長子繼承制的原則是家族社區主義（familial communalism）的一部分。這種制度雖然足夠反封建（封建主義更多是基於契約而不是親屬關係），但始終阻礙了對資本主義至關重要的把財產界定給個人。這種界定對資本主義對於清楚、明確、多重和快速的商業決策的需求也至關重要。革命或許已經消除了中國的**那一個**反資本主義的阻礙，卻被反封建、相對自由、理想情況下非常接近資本主義特徵的傳統社會流動性所終止。

為什麼這些時代是反封建的時代？在周代晚期的中國，當封建主義的消解已經自發地進行到一定程度後，對封建機構有意識的清算是由**國家權威**指揮的，特別是（雖然不是唯一的，也不是第一個）在曾經實行封建制的征服國，秦國。這表明，能夠進行集中指揮的官僚行為可能是一個可行的社會秩序的必要條件。這遠不是說這種官僚行為總是有效地存在；它僅僅意味著，總的來說，未來的中國封建權力不可能掌握權力，因為它所統治的世界將過於痛苦和不安，無法形成任何穩定的權力基礎。私人（貴族）盤剝在國家控制之外的土地的封建制度是一回事，但是對一個反封建的國家權力反覆的、**官僚的**盤剝卻是另一回事 —— 而且更可行，更有利可圖。它反覆引向一個封建的方向，但**不是**通過封建階段進入資本主義。但如果它不是資本主義的，那麼它只是**在**

76

77

封建化，而不是封建的。在周朝之後，中國只是偶爾無成效地封建：相較於最高統治者可以建立的任何封建 —— 霸權制度，一個重建的帝國 —— 官僚國家是最高統治者更好的權力製造機器。

隨著周在戰國的衝突中消亡，官僚制度取代封建貴族的基礎得以奠定，官僚成為與皇權分享和爭奪權力的群體，而其地位最為突出。這種官僚主義變得 —— 不是立刻地，但卻是不可阻擋地；不是完全地，但卻是主要地 —— 與儒家思想聯繫在一起，或者說，這個官僚不是資本家階級。形成其權力基礎的，主要的是土地和官職，以及學識的威望，商業和財力只是次要和間接的，製造業一直到最後也沒有成為它的權力基礎。我們將很快討論這些儒家對統一王朝國家的（曖昧的）依賴性，這是儒家思想和帝制在建立封建中國的共同經驗中鍛造出的一種聯繫。

我們稱之為**封建**中國，是因為人們如此強烈地建議我們把這個**制度**與封建歐洲制度進行類比；實際上，如此地強烈，以至於作為封建**階段**最終產物的資本主義，如果不曾出現在中國的歷史場景裏，也必須潛伏在歷史學家的腦海中。而且我們作為歷史學家，將會看到記載裏看不見的事物具備重要性：我們將看到現實，不僅僅是發生了什麼，而且是我們或許可以期望的一些事情並未發生。我們將在儒家色彩的、法家形式的、官僚帝國的後封建制度中識別出資本主義抑制者的品質 —— 假如我們堅持的潛在的封建類比實際上是完美的，那中國就應當獲得資本主義。

簡而言之，周之後的時代不是資本主義並不能排除周的封建屬性。朝向資本主義的封建動力可以被假定是存在的 —— 秦以

前對資本主義的迫切要求 ——因為秦以後有很多資本主義**阻抑**
者的特徵。因此,這讓我們回頭把封建的周朝看得更清楚。同
時,封建的周朝也讓我們把未來的秦漢及其後的中國看得更清
楚,這些時代永遠不能被充分地解釋為僅僅是反封建的。**儒家**中
國必須被視為反資本主義的,也是資本主義的抑制劑。

78

第八章

從秦到漢：(一)儒家和官職

法家權力

後世的中國學者一直對秦王朝極度厭惡。正如尼祿（Nero）的暴君形象一直存在於西方一樣，秦始皇作為篡位的兇手、焚書的罪人和大眾壓迫者的形象至今牢牢地嵌在中國人的印象中。在某種程度上，對中國「始皇帝」的仇恨源於這樣一個事實，即他掐斷了連接到古代黃金時代的線索。後來世世代代的作者總是憧憬著「三代」，人們感覺要麼有一天黃金時代可能會重新出現，要麼它至少仍然是一個標準和模型，一個永恆的理想。

讓人震驚的也許並非秦始皇作為革命和創新者的角色，而是他的統治方式和他試圖建立的秩序的性質。畢竟，戰國時期是極端混亂的時期之一，沒有一個中國文人曾經渴望回歸這樣的時代。此外，也必須認識到，是秦始皇建立了統一的政府體系，這一體系是兩千年中國政治傳統的基礎。秦始皇統一了中國，如果不去質疑後來的儒家生活和行動於其中的制度，就無法抨擊秦始

皇。秦始皇最讓文人反感的是別的東西，中國文人總是對權力有著極大的恐懼——權力使一些人受他人的擺佈，並且可能在肉體上或社會地位上肆意毀滅他們。秦始皇正是通過赤裸裸的權力統治了他巨大的王國。

舊的權威已經消失，但新的控制系統尚未合法化。秦始皇宣稱自己是中國的皇帝，然而在這個國家有許多人沒有接受他做皇帝。只要他強有力的人格在位，隨著一個接一個的成功，以及他的軍隊和官僚們緊緊扼住帝國，人們會服從，但是他們的服從是出於恐懼而不是信念。秦始皇一直不變的形象是一個通過權力而不是權威來統治的暴君。儘管中國的普通民眾對有力量的人（體力、軍事力量，甚至沒有相應的政治權力）著迷——例如神化的勇士武聖關羽在道觀中受到的崇拜，或對三國時期其他武將的欽佩——總的來說，文人總是害怕權力。鑑於中央集權的政治體制，強大的權力只能意味著最高統治者的權力。汲汲於權力的奉承者、皇親國戚、太監、皇后和嬪妃們包圍著的強大皇帝只可能為文人官員帶來災難。文人要求在相互接受共同價值觀的基礎上建立權威規則，這是秦始皇無法做到的。

權力總是難以制度化。當權力與獨個強人綁在一起時，他的死亡造成的兩難困境尤其嚴重。小人們開始爭權，並且經常成功地削弱權力的效力。如果一個社會僅靠權力來統治，而正常的權力機構又很薄弱，那麼危險時刻就已經來臨。這個危險發生在公元前201年，秦始皇去世後的秦。新帝國的皇位由誰來繼承尚不明朗，一個經典的說法是，秦始皇指定他的長子扶蘇作為繼任

者，但是丞相李斯和宦官趙高的陰謀成功使秦始皇更年輕的兒子胡亥登基成為秦二世。其他學者認為，秦始皇從未打算將皇位交給長子。重要的事實是，無論繼承的機制和皇帝的意志如何，兩者都未能避免權力鬥爭，這種鬥爭在短短幾年內導致了秦王朝的崩潰。挫折感導致了殺戮。那些奪權的人，胡亥、趙高和李斯都被殺死了。

最高層的崩潰讓所有在秦始皇統治期間不斷增長的怨恨迸發出來，舊貴族、被壓迫的農民和文人揭竿而起，反對他們不認可的政權。在吳（今上海地區），項梁和他的侄子項羽（楚國一個古老家族的後裔）動員了軍隊，沿著長江向西進發。在每一個郡縣，平民都起來殺死了秦官。各地的領袖承襲了當地傳統的封號（王），宣佈他們反對那時已經所剩有限的中央權力。項梁自立為楚王，在北方出現了一位趙王，在沛郡，未來漢朝的開國皇帝劉邦組織了一支軍隊，參加了對抗秦軍的鬥爭。

項羽一次又一次地擊敗殘餘的秦軍，絕望籠罩著秦的首都。趙高殺死了秦二世，立秦始皇之孫子嬰為新皇帝。這位新皇帝殺死了趙高，但很快就向攻入長安地區的劉邦軍隊投降。公元前206年，秦朝永遠地消失了。

但是，與秦始皇不同，劉邦（或稱劉季）的勝利並不是絕對的，項羽麾下的大軍就在面前。那些起來反抗暴政的人不願意看到暴政的重建，大環境希望妥協，也許更重要的是，要求恢復秩序。項羽要求重新建立舊的分封制度，並且將楚王變成一個僅僅有象徵性權威的皇帝。「六國」統治者的後代和秦朝的賢

82

人會獲得封地，權力將繼續分散在像項羽和劉邦這樣的軍事首領手中。劉邦接受了這些建議，然後很快撕毀了契約，攻擊並消滅了項羽。

但他這次的勝利也並非絕對。劉邦作為由各地軍閥和軍隊組成的聯盟總司令，贏得了勝利，雖然他被獻上皇帝的稱號並接受了皇位，但也認識到他不能以絕對權力進行統治，而是必須與那些幫助他取得勝利的人分享權力。這些人是楚王、梁王、趙王、韓王、淮南王、燕王和長沙王。劉邦依次消滅了這些對手，使自己成為天下唯一的主人。然而，在這個過程中，他需要親屬的幫助，他們指揮軍隊並與敵人作戰。他不得不再次妥協。劉家的成員取代了舊的傳統國王，接受了封地。的確，隨著時間的推移，他們的控制範圍逐漸減少，而中央政府的控制範圍也隨之增加。但是，共享權威的原則已經被建立起來。劉邦以皇帝的身分登基，但不是暴君。一個旨在制衡絕對權力傾向的中介結構已經形成了。此後，由官僚機構而不是諸侯來共享權威。但是，通過一些分享者，利用中介來調節中央權力的原則已經勝出了。漢朝和後來所有中國朝代正是建立在這個基礎之上。

儒家思想的「確立」

當公共領域的官僚機構再次賦權給國家，使之能夠從私人領域中剝奪權力時，儒家學者取代了貴族成為權力的分享者。當君主承認他需要付出某些代價來征服其貴族對手時，或者說，並

非所有重新獲得的權力都可以由他獨享時，官僚系統就成為**儒家的**。也就是說，官僚系統成為特有的、被儒家學者追求的天堂。儒學和官員地位獲得了最高的聲望，包括知識地位和社會地位。君主不得不與其官僚機構分享權力，而秦是不分享的。秦的暴政，其著名的反儒家（以及通常的反－反法家〔anti-anti-Legalist〕）特徵如「焚書」（公元前213年）和「坑儒」（公元前212年），其法家對「借古諷今」的仇恨，都是根本不可行的。儒家對書籍和傳統的偏愛，以及他們潛在的對絕對專制的限制，都必須被允許，才能救贖君主的那些官僚僕從的生命。要想真正得到官僚的服務，專制必須被弱化。

因此，在漢武帝（公元前140年–公元前87年在位）的統治下，儒家思想成為思想上的主導教義和社會上流傳最廣的信條。漢武帝是劉邦所有接班人中最有活力和最成功的，他在政府高層任用學者，通過建立學校達到「經明行修」的宗旨，在學校中只允許學習儒家學說。在高等教育方面，創建了儒學院，包括五間學院，每間都專注於五部經典之一（《易經》、《書經》/《尚書》、《詩經》、《禮經》/《儀禮》和《春秋》）。進入公職系統的科舉考試制度的雛形建立起來（唐朝在7世紀真正將科舉制度化）；用考試測試閱讀經典的能力，因為官方文件中的語言是以這些經典做樣本的。司馬遷在公元前100年左右描述了這一時期越來越多的學者被任命為大臣、高級官員和地方官。董仲舒將經典作為預言書，認為官僚應該將書中的因果關係理解為政治和自然現象之間的關係，他提出了決定性的建議：「教化已明，習俗已成，子孫

循之，行五六百歲尚未敗也……立太學以教於國……數考問以
盡其才。」(見《前漢書》，司馬遷《史記》的第一個後繼者。)

　　董仲舒也提出了經濟上的建議。我們很快就會看到這對官僚
制和君主制之間的關係有何影響。

閱讀材料

84
    Bodde, Derk. *China's First Unifier: A Study of the Ch'in Dynasty as Seen in the Life of Li Ssu, 280–208 B.C.* Hong Kong: Hong Kong University Press, 1967. Paperback original edition 1938.

    Watson, Burton. *Records of the Grand Historian of China: Translated from the Shih Chin of Ssu-ma Ch'ien.* New York: Columbia University Press, 1961.

    Dubs, Homer H. *The History of the Former Han Dynasty*, by Pan Ku, vols. 1 and 2. Batimore: Waverly Press, 1938, 1949.

官僚、皇權和社會穩定：
作為政治關聯的儒家和法家

在當今中國，**漢**用來指漢族人（Chinese），而不是蒙古人、維吾爾人、藏人和其他少數民族，而「中國人」（字面意思是「中國的人」）這個詞的含義包含了作為中國境內居民的所有民族。為什麼一個王朝（或兩個漢朝）的名字、一個歷史時期，成為經歷了許多王朝的人民的通用名稱？這在世界歷史上並不常見，它告訴我們中國社會組織的持久力。那為什麼特別是漢，超越了其他朝代，而不是夏、商、周那些儒家經典講到的王朝？「夏」在中國**不無**市場，因為漢朝建立的儒家思想很好地傳播了夏作為開創性王朝的傳說。而「唐」在中國東南部也有些影響，因為是唐朝（618–907）將這些地區牢牢地綑綁在漢已經建立的國家和文化體系中。但是只有「漢」才能超越地區，成為全體中國人民基本的、繁衍的分支的標誌。

夏、商、周有自己的超越性；對於「漢的子孫」來說，他們成了三代，「三個王朝」的古典時代，提供了「漢族」傳統教育的基本材料。但是他們從後來紛至沓來的朝代中被選出，作為**特別**的三個朝代，表明隨著周朝的崩潰，中國已決定性地成為新的事

物。我們已經注意到，儒家的聖賢傳說為他們的傳播者和延續者的文化理想提供了例證。不是三代（儒家主題的重要組成部分），而是「漢代」（將儒家神聖化的時代）成為帝國和儒家官僚長期繼承下來的原型。正是在漢代，中國的文化、社會結構、政治制度和經濟第一次被賦予了可識別的形態，並一直延續到現代。最重要的是，漢代的政治制度給了中國獨特的印記。

有些人將中國的政治制度稱為東方專制主義，其他人則稱之為仁慈的君主制。這是一個由以下因素共同推動的系統：由一個強有力的皇帝，即「傑出的政教合一領袖」（正如一位語言學家對「皇帝」一詞的翻譯）領導；一個文人官僚階級和受過教育的精英負責管理行政任務；基於孔子的道德和世俗倫理的意識形態。雖然敵視中國文明的外國入侵者以及帶著神秘主義和利己主義的各種奇怪信條一次又一次地進入中國，但在現代世界出現之前，沒有任何事物能夠動搖中國政治結構的這三大支柱。儘管它最終消失了，這一政治體系，以及由它衍生出的中國偉大文化的主要部分，表現出一種除了法老埃及以外無可比擬的穩定性和連續性。這種穩定性和連續性為中國帶來的不是停滯，而是社會生活和知識生活不斷翻新的表現形式。

這個系統是如何興起的？賦予它力量的元素是什麼？這些問題的答案不僅會告訴我們很多關於中國的事情，還會告訴我們政治制度的一般性質。

在漢初，兩大問題主導了人們的思想。一個是如何建立權力的問題，另一個是人與權力的關係問題。這些問題的解決

方案創造了中國的傳統政治制度：君主制和官僚制作為權力制度，儒家思想作為權力制度與人的關係的調節器。其他社會和其他時代也面臨過同樣的問題，但很少有人像漢代中國那樣永久地解決它們，儘管漢朝人當時並未意識到自己所創造的制度的持久性。漢代國家的形成和這兩個問題的解決方案，產生於社會被完全不受約束的權力所充斥這一形勢，也產生於善於表達、敏感、恐懼的人們對一種將其視為工具而非人類的制度的反應。

當秦始皇在中國歷史上第一次統一帝國時，他作為一位有著無上權力的皇帝統治著這個國度。當周朝的王消失時，與舊的合法秩序的紐帶被切斷了。封建貴族被摧毀，這個階級所佔有的土地落入農民土地所有者的手中。新的行政體系應運而生。官僚，而不是貴族，成為各郡縣的管理者。舊的領地被分割成郡和縣，其邊界貫穿領地，就像法國大革命後法國各州縣（*préfectures*）的邊界一樣。法治統治取代了傳統統治。在變革的革命熱情中，能讓人們想起舊秩序的儒家作品被摧毀。法家思想成為秦朝帝國官方唯一的意識形態。

但是，秦帝國的建立並未帶來法家所希望的新秩序。確實，發生了翻天覆地的變化：衝突平息了；公共秩序已經制定；經濟發展有聲有色，度量衡和鑄幣等的標準化（抽象的、非個人的，因而不是儒家的）進一步促進了經濟的發展；建造了長城，以使中國免受外來（主要是匈奴，或「匈人」）入侵的威脅。然而，秦的能量越大，開展這些項目所需的財富就越多，對勞動力的徵用

87

就越無情,隨之而來的是貧困和政治壓迫。「道古以害今,飾虛言以亂實,人善其所私學,以非上之所建立。……如此弗禁,則主勢降乎上,黨與成乎下。禁之便」,李斯呼籲道。最終被除去的是秦,漢朝誕生了。

儘管在漢高祖的朝堂上仍然有人堅持法家學說,但這一時期最強勁的呼聲是要求回歸舊日更人道的原則。陸賈呼籲改變人類道德(human morality),強調利他主義。他對暴政的恐懼如此之大,以至於回歸舊的道家觀念,認為無為而治是最好的統治方式。賈誼呼籲改變秦留下的機構,他說(響應孟子的觀點)人民是帝國的基礎,統治者必須為人民而統治,而不是為統治者自己。但也許這些人的精神中最重要的變化在於他們對理性的態度。理性,具有非人格的抽象內涵(正如我們所看到的那樣,對孔子而言它是一種令人厭惡的怪物),被認為是中國遭受的大部分災難的根源。作為理性的解毒劑,產生了類似一種新的、宗教信仰性質的東西,戰國時期關於宇宙的學說(尤其是陰陽家,最著名的闡述來自鄒衍,活躍於公元前4世紀至公元前3世紀)現在被提升到宗教地位。天不再只是宇宙的整體,或宇宙的基本規律,而是變得活躍和有形。漢朝早期的哲學信仰顯然都是宗教性質的,人們對古典時期的讖緯內容產生了濃厚的興趣,風水、算命和解釋占卜辭非常流行。宗教成為那些試圖遏制帝國制度絕對主義的人手中的有力武器,相信天的最高權威超過了相信皇帝的最高權威。

建立漢代儒家學說的最偉大的人物是漢武帝的顧問董仲舒,是他在《尚書》和《孟子》的基礎上建立了「天子受命於天」的學說,皇帝(「天子」)憑藉上天最高權威授予的美德治理國家。但是,

不是由皇帝按照他認為合適的方式解釋天命，因為天命是為了上天的目的而行使的，而這個目的是建立宇宙和諧，在社會和自然世界的連續體中的和諧。如果沒有達到這些目的，如果社會和諧在皇帝的管理下消失，那麼「兆象」，包括社會和自然的，一起表現為自然災害和人類災難，將出現在帝國。混亂、壓迫、殘忍、洪水、乾旱、地震以及其他此類宇宙現象都表明天命正被收回。在這種時候，皇帝的統治和整個王朝的存在都處於危險之中。除非皇帝再次回到符合上天意志的方向上，否則將失去一切。

　　在這裏，通過董仲舒的這種理論干預，再次遇到了在我們對孔子本人的討論中提出的問題。孔子是主要關心人民權利的「民主派」嗎？有人認為，孔子的執政理念是別的東西，是傳統主義。同樣地，儘管漢代儒家永久地將一個王朝的義務，與通過利用上天證明自己的行為聯繫在一起 —— 例如王朝有可能要為民眾深重的苦難付出改朝換代的代價 —— 但這意味著一種官僚的而非民主的制衡。因為，只要官僚機構能夠擺脫秦時法家式的帝國控制（那時官員僅僅是被操縱的「手段」，而不是儒家通過欣賞反野蠻人的高級文化所暗示的「目的」），官僚機構就可以為其私人利益運作，這個利益不同於國家的公共利益（即皇帝，他的地位要求捍衛中央權力、防止權力流向任何個人）。而且，謀求他們的私人利益，可能會導致（在整個中國歷史中反覆出現過）官員對公共（即帝國）職能的忽視，這不可避免地會帶來惡果，可能使農民絕望地採取暴力行動。在這種形勢下，儒家的道德主義假設顯然適合官員的狀況：讓凶兆 —— 暴力就是其中之一 ——

89

被解釋為對王朝德性的譴責。王朝可能會崩塌，但是官僚機構會在王朝更迭序列的下一個朝代重新開始。「天命」的原則並不是為了保護人民避免暴政，而是為了保護文人對國家機器的擁有，以及將公共權力經常性地輸送到私人手中。

這一切是否意味著，當我們拒絕對「天命」的「民主」解釋，把它看作感情用事時，就是選擇徹底的憤世嫉俗，認為「天命」僅僅是掩飾對自身經濟利益的理性算計而已？不，這將是一個粗糙的曲解。畢竟，董仲舒本身並不是私人掠奪者，他非常清晰地看到大家族（在漢代，是越來越多官僚而非封建出身的家族）掠奪土地而帶來社會危害。如果想像出一個由儒家主導的中國，其學說是空洞的（**他們**一清二楚，而儒家之外的大眾不知道），僅僅是由一代又一代的新手成功導演的騙局，這在史學上將是非常荒誕的。相反，漢代儒家思想是真正具有說服力的，是一種持久權力的穩定學說，適合官僚的漢朝國家形態。反儒家的秦代革命——本身是赤裸裸的帝國式的，為此後的儒家帝制國家奠定了基礎——從來沒有再發生過。暴力來了，掃除了一個又一個的王朝，但是它們從來沒有（直到現代）像秦時那樣掃除那個「制度」。漢代官員奠定社會地位以後，在社會上趨於保守，最終真正接受了儒家的思想。他們對傳統主義哲學以及對天命（意味著**調整**，新的王朝，而不是新的社會秩序）的宗教信念持開放態度。天命與他們對天下和諧的社會承諾相對應。

因此，皇帝的道德責任在於將他不完美的臣民提升到完整的人的水平。「天生民性有善質」，董仲舒說，「而未能善，於是為

之立王而善之。此天意也……民受未能善之性於天，而退受成善之教於王，王承天意，以成民之性為任者也。」這意味著使其臣民變成完整的人，讓他們意識到人生的豐滿，是統治者的責任。但由於是上天的意志給了統治者這項天命，天的意志也可以收回其天命。因此，這些儒家禁令背後的制裁幾乎不是道德的或哲學的，而明顯是宗教性的。絕非巧合的是，漢武帝——他時常違心地支持董仲舒——重新開始了封禪，這是祭祀天地的偉大帝國典禮，被後來所有皇帝如對待宗教一樣執行。

因此，儒家思想和法家思想被視為相反的兩種思想上的抽象和各自完整的信條。秦朝把兩者的對立保留在一個相對純粹的狀態，「焚（儒家）書」和「坑儒」，並開始剷平、同質化（法家意義上的）皇位治下的人口，通過非個人的、普遍的法（「法律」）來規範社會。但歷史對知識抽象和信條的完整性是嚴苛的；作為一個統一的帝國體系，秦幾乎沒有享有任何歷史，漢對嚴酷的、不可行的秦體系進行了調整——相當持久的調整，持續到漢朝以後。儒家思想（儘管當然不是沒有受到其他信條的影響）漸漸體現在官僚體系中，而法家思想（具有相同的**告誡**）則漸漸體現在君主制中，兩者如兩具既在扭打又在擁抱的身體一樣被鎖定在一起。

官僚系統歡迎君主集權作為其存在的條件，但它抵制君主在秦代模式上的法家癖性，這種癖性使官員僅僅成為工具，像死的計數器一樣被移來移去。儒家對等級制度（雖然不是在封建基礎上的）和個人關係的感覺與法家非個人的同質化格格不入。儒家適當的、以道德榜樣治理國家（德治）的理想，與法家的依法治國

(法治)的帝國理想相對立。在體制上，二者的競爭是平等的：漢的官僚機構屈服於君主制並服務於其權力目的；同時，漢的君主制也屈服於官僚機構。而法家，雖然襯托了儒家思想，但作為一個完整的學派卻消失了，儒家思想則被國家「確立」起來。儒家學者的知識霸權，是官僚機構制衡君主追求真正的最終權力的手段。這是對君主制的一種治療性制衡，在秦之後，保存它以避免其重新陷入秦的**狂妄自大**，並建立漢代系統，維持其核心的張力(官僚機構和君主制作為**平衡的合作者**)足夠長的時間(超越以漢命名的朝代)，最終把漢這個名稱遺贈給將會永遠存在的中國人。

第九章

漢朝：(二)儒家和土地所有制

模式

　　在漢代建立的制度中，有一條起源於秦、長期存在的反封建
制度的法令，就是所有兒子共同平等繼承遺產(公元前127年公
佈)。封建長子繼承制度使不平等永久化，因為土地集中在少數
人手中。出於這個原因，漢朝皇帝以及其後以漢代為模式的王
朝，都支持對土地所有權分割的持續打壓，以抵消任何原始封建
的、反中央政府的私人力量的強化。儒家思想之符合這一帝國政
策是有基礎的，因為反封建、以國家為中心是其基本方向。公元
前2世紀中葉的偉大儒者董仲舒提倡「限田」，實行對土地擁有量
加以限制的平等主義政策，防止私人積累和隨之而來的社會不平
衡——不平衡是對社會秩序的威脅。

　　但是，是什麼造成了這種威脅？漢朝放鬆了對官員的監督，
允許他們利用公權力為自己謀私人利益，而他們對國家服務的儒
家承諾和對家庭繁榮的儒家承諾是背道而馳的。擁有土地可以為

92

93

研習儒家課程提供財富和閒暇，與依賴於這種研習的儒家官僚機構之間的關係越來越密切。這些官員的力量來自於土地，便傾向於在土地上加強自己的力量（或首先確定擁有土地的能力，以對抗可能隨時丟官的不安全感）。

因此，在漢代私營經濟得到發展。官員們獲得越來越多的土地，他們可以在不同程度上利用自己的地位保護土地。所以國家機構的官僚機構部分也同時是一群土地所有者，他們急於充分利用官職的特權來牟利，這導致他們的直接私人利益與所屬的中央集權政府利益相衝突。漢朝出現了一種在此後的朝代中反覆出現的模式：民間諺語中描述的模式（最初是法家韓非子的說法），**中飽**，不是農民，不是皇帝，而是剝奪農民、欺騙皇帝的官員，這是最糟糕的情形。

土地稅，這個王朝的金融支柱，變得更難徵集，因為官員先佔下更多的土地，並（儘可能地）從稅收登記中將這些土地抹去。稅收減少導致國家水利工程支出、針對掠奪者的邊防軍事防禦支出等款項下降，從而導致生產力下降。對於與官方沒有直接聯繫的小農而言，他們不喜歡這種情形卻無能為力，而他們的前景惡化更因官員的橫徵暴斂而加劇，這些官員試圖將自己的財政負擔轉嫁給易受傷害的外人。這增加了對信貸的需求。高利貸者應運而生，放債人（很可能是大地主，受到相對多的保護，來自官員一伙）的高利貸，利率幾近搶劫。更多的土地集中到那些已經有大量土地的地主手中，這些土地不僅足夠讓他們抵抗這種掠奪，而且使他們成為那些掠奪的人。因此，隨之而來的是土地的集

中，帶著不祥預兆的私人利益的增長，這些都威脅到以尋求破壞
私人利益為理想的國家，但國家的官僚機構正是由那些必須受到
最多控制的人而組成。

「限田」：地主官員對自己的鬥爭

　　所以，當限田作為一種救世之方出現在政府面前時，這個政　94
府，或者政府官員們，正因為相互抵觸的逐利衝動而四分五裂。
不管這一政策看起來對作為政府官員的土地所有者身分來說多麼
有說服力，對於他們的私人身分而言，限制土地擁有並不可取。
他們希望保持國家穩定和避免動亂（這兩項條件相互加強），作為
官員，考慮到可能的最壞結果，他們為國家設計了普遍適用的政
策，有一定合理性而又合乎邏輯。但是對於具體的個人，是特定
情況的心理佔優勢，而不是邏輯佔優勢，所以政策被暫時擱置了。

　　正如我們所指出的，董仲舒認為，農民的苦難主要源於豪強
士族對土地的掠奪，所以他主張限制私有財產的範圍。很多年以
後，事實上是在公元前6年，他的建議被採納，國家宣佈擁有名
田（即可以自由轉讓的私有財產，與領地不同，領地是因為與皇
室的血緣關係而獲得的封地，正在漸漸消失）不能超過30頃。正
如《前漢書》所載，這個法律從未被認真執行。這使我們回到上
文談到的面對個人特定情況時的心理：不管由其操縱的國家機器
的存在對他們地位升遷有多麼重要，如果這一法律在具體的實踐
上限制地主──官員的直接權利，他們就不會始終不渝地去執

行一款抽象地符合國家利益的法律。這種情況，而不是被大肆吹噓的「天命」理論，似乎才是一直反對帝國專制的重要的**物質**限制。從理論上說，限制是不存在的；官員應該僅僅是表達一個不受約束的帝國意志的渠道。但是官員們不會在對他們自己的掠奪中選擇合作，儘管這種掠奪似乎是**公共利益**（由皇帝代表，理論上是國家）所可能要求的。因為如果官員們在很大程度上是為了追求他們的私人利益而擁有公共權力，那麼以犧牲私人利益為代價去加強公共權力，對他們來說是不可取的。這在漢朝，中國帝國官僚歷史的開端，是這樣；在清朝，帝國官僚歷史的結尾，也是如此。

王莽篡位（9–23）

這種官員與國家利益相背離的社會形勢，有助於將一個「強人」帶入權力之中（標誌著西漢王朝的結束）。同樣是這一形勢，也有助於削弱這個強人所獲得的權力。王莽是一個與漢朝皇室通婚的、有影響力的氏族成員。繼成為全國最有聲望的官員以後，他最終也成為一名年幼皇帝的攝政王。他在公元9年廢除了這位年幼的皇帝，宣佈建立一個新的王朝：「新」，並自任皇帝。

王莽從來沒有為自己的王朝安排一個接班人。他在23年被擊敗後去世，並永遠成為被儒家所憎惡的一個傳統的怪物。他的集權政策加劇了君主與儒家之間的緊張關係，到了有利益衝突的程度，而王莽，相比於大多數希望有所作為的君主，更容易受到

歷史學家的譴責。因為他運氣不好，被夾在兩個叫作漢朝的朝代之間。隨著劉氏家族在東漢時期(25–220)的恢復，王莽被釘在歷史的恥辱柱上，不僅僅是不成功的君主，更是一個可怕的傢伙，既非儒家又不忠誠，是一個篡位者。班固《前漢書》(1世紀末期)將王莽的統治時期置於「傳」，而非「紀」之中。而且他被放在一個恥辱的章節，排在「諸夷列傳」之後。

一些現代評論家將王莽描繪成理想主義的瘋子，他確實犯了戰術錯誤。他對於簡單政令在一個社會中的作用過於樂觀，卻忽略了在這個社會中，政令必須由那些可能希望破壞這些政令的人來執行。然而，他似乎理性地意識到，如果要想讓社會免於崩潰，必須處理哪些社會領域和問題。正是在處理這些問題時，他遇到了強烈的對抗，因為他採取了與儒家思想的外在公共利益相協調的政策，但卻試圖「利用法家手段」去打破儒家的私人利益防禦來推動這些政策。

在公元9年，王莽對限田進行了遠比漢朝其他方案都更激進的嘗試。他下令，「男口不盈八，而田過一井者，分餘田予九族鄰里鄉黨」。他試圖禁止購買和出售土地(也就是衝擊了私人財產的核心概念)；一個必然的結果是，他禁止抵押貸款，因為這些貸款實際上可能成為出售土地的手段。他想到了，或者說他開始思考，去恢復孟子井田制的平等主義理想。

王莽努力推行新政，他到處樹敵，四面楚歌。因為什麼都沒做成，所以他沒有獲得任何支持者，三年後不得不撤銷自己的法令，允許恢復土地的自由貿易。

　　王莽的另一項政策在漢朝也有先例，但當時沒有忠實地執行，這就是國庫和糧倉應該保持「常平」的想法。《前漢書》把這個概念歸功於秦代之前的一名戰國官員，他指出，如果糧食太貴就會傷害消費者，如果穀物太便宜就會傷害種植者。他說，商人和富裕家庭利用價格波動囤積糧食，所以政府應該在價格低的時候購買，並在價格高時賣給市場。

　　王莽推行這項新政，並伴以由國家運作的貸款業務，利率遠低於市場上的私人利率。正如「五均制」（常平法）是針對利用財富進行剝削性、投機性的囤積一樣，這項貸款政策是針對私人利用財富通過高利貸攫取暴利。這兩項政策自然都不受富人的青睞；對窮人亦幾乎沒有幫助，或者沒有明顯的效果。例如，管理國家糧倉計劃的官員將大部分收益通過操縱手段轉移到自己手上。然後，王莽的新稅又更進一步疏離了一大部分人口。新稅收政策沒有足夠的時間來產生它應該帶來的好處，這些政策激起了公眾的憤怒，但是給國家帶來的卻太少。這導致貨幣貶值，政權一日不如一日。當邊境問題和自然災害——主要是中亞部落的暴動和黃河致命的改道——來臨時，王莽再也無法繼續下去。傳說在生命的最後幾個月裏，也就是在23年，他坐在那裏幾乎不吃不睡，在無人聽命的情況下不停發號施令。像一個注定失敗的悲劇人物麥克白（Macbeth），他被遺棄了，復仇者從四面八方湧來。

漢室復興

「赤眉」農民暴動開啟了王莽的終結之路。18年，他們的暴動始於當時的東北地區，即今天的山東。這不是直接針對篡位者王莽，也不完全是因為政令的失誤而針對他的政權。相反，它代表的是農民對整個統治秩序的厭惡這一潮流，王莽曾經嘗試阻止但未能成功的潮流。代表土地擁有者的利益集團憎恨王莽試圖遏制他們的權力，當王莽受到挫折——部分因為利益集團的仇恨——並且未能遏制他們的權力時，他的政權對農民來說成為最後一根難以忍受的社會壓迫的稻草。因此，王莽的「王朝」是被強調漢朝合法性的紳士官員和造反的農民赤眉軍一起否定掉的。這兩組人都把王莽看作是為對方服務的階級敵人。

然而，這兩個極端卻沒有因為他們反對王莽而聯合起來。赤眉軍並沒有為漢朝而戰，但是在漢朝的力量得以恢復與鞏固之前，他們必須去推翻王莽。東漢可以看作是始於25年上台執政的光武皇帝（在另一個漢朝劉氏後裔的陰影下過了兩年後）。36年，他掃平了戰場上的敵人。可怕的馬爾薩斯（Thomas Malthus）人口規律，痛苦和屠殺，已經消除了一些社會壓力，一段太平的時日開始了，一個健康王朝的外表開始顯現。空置的土地被重新分配，但從未超過對社會秩序的最小程度的修補。叛亂的力量已經筋疲力盡，然而，無論其成長需要花費多少時間，沒有東西可以阻止社會動盪的癌症再次增長到致命的規模。184年，「黃巾」太平道教叛亂爆發，預示著幾個世紀的社會動盪和儒家的衰落。

98

閱讀材料

Swann, Nancy Lee. *Food and Money in Ancient China*. Princeton: Princeton University Press, 1950.

Dubs, Homer H. *The History of the Former Han Dynasty*, by Pan Ku, vol. 3. Baltimore: Waverly Press, 1955.

Bielenstein, Hans. *The Restoration of the Han Dynasty*, vols. 1 and 2. Stockholm: Bulletin of the Museum of Far Eastern Antiquities, 1954, 1959.

引申

官僚機構、君主制和社會矛盾：
資本主義興起的障礙

在第七章，我們指出了官僚帝制中國(由秦和漢建立的中國)既是後封建主義的(postfeudal)，也是非資本主義的(noncapitalist)。封建主義作為歷史階段和制度，不是資本主義興起的階段，而是資本主義流產的階段。「資本主義」與漢朝的相關性足夠強，讓我們在古代周朝中辨別出「封建主義」。但這是一種實力不足的資本主義，其實力不足以佔上風，僅僅大到能引發其他力量來扼殺其潛力。

這是一個農業 —— 官僚國家，土地和官職緊密相連。在這裏，喪失土地或者喪失土地的威脅反覆導致叛亂，有時造成政治崩潰。官員利用國家的權力在土地上不斷擴大私人利益，直到國家被削弱，私人利益受到威脅。但帶來威脅的人，中國的農民，或者是因為中國內部混亂而來的外來入侵者，卻是復興的先兆(儘管有時復興會被推遲)。屠殺就是治癒 —— 私人利益和原始封建利益受到如此強烈的衝擊和動搖，國家力量最終得到加強。佔有土地並擁有國家(即官僚)的影響力，這總是構成那個神奇

99

組合的要素。當對土地的擁有到達如此高的程度，只剩下很少或者沒有國土可以擁有時，對私有財產的一些糾正性掠奪使國家力量得以恢復，並恢復了一個可行的組合的可能性。擁有土地的文人官員構成了這個組合，農民打擊這個組合，但他們從來沒有完全破壞它。農民可能被招募到統治階層，但他們從來沒有一勞永逸地建立起自己的新型霸權。

在封建的歐洲，擁有土地的權力階層也面臨農民的暴動，並且從未屈服於他們。但是，擁有土地的封建元素最終屈服於別的東西，個人要麼垮掉了，要麼在某種程度上加入了敵人的陣營：那個階級，「資產階級」，不是像農民和地主一樣為了租金的收益而奮鬥，而是為了交換、貿易和製造業的收益而奮鬥。

在傳統中國，類似這一階級的東西是否存在過？答案是肯定的。那麼，為什麼當某些人為反封建集權而鬥爭的時候，並非經商者領導鬥爭並使其變得有意義，而是留給那些使其變得相對毫無意義的農民來領導呢？為什麼在誕生時就很弱勢的中國資產階級，在性質上一直是弱勢的，並且沒有對催生了它的那個社會進行挑戰——而開始時軟弱的歐洲資產階級卻變得強大，而且徹底地將整個社會改變得面目全非？

作為誘餌的擁有土地的官僚體系

貿易在很早的時候就在中國有其吸引力，從窮人變成富裕商人的例子並不少見。也許它比起正統的從農民到士紳的手段，

比如生活節儉以積累土地，注重兒子教育而讓他在科舉考試中成功等，按比例來說發生得更頻繁。但是，總的來說，當漢朝統治中國時，土地已經是可以交易的了，而且用錢可以購買土地，商人有望為其家人贏得地主的地位，並有機會實現土地、教育以及科舉和官職的組合。漢朝比封建歐洲更加允許自由的社會流動，在中國，這些對想要抓住機會改變社會地位的人具有很實在的誘惑力。

一方面（在這個方面歐洲幾乎沒有什麼不同），擁有土地的家庭而不是商人家庭會得到更多的名望。對於參與買賣的人和中間商來說，「奸商」是一個熟悉的標籤。關於「鹽鐵」的儒法辯論（公元前1世紀）記錄了文人抗議、反對促進商業的鬥爭。重要的一點是：漢朝的系統給商人的名望很低，但與封建的歐洲制度不同，它提供了可以讓商人獲得很高名望的渠道（儘管有時會被堵塞）。商人覺得，想要在新系統中獲得更高的名望，並不需要破壞這個系統然後創造出自己的系統。

另一方面，還有物質誘惑。因為土地成為（並一直保持到現代）最好的低風險高回報投資，特別是當人口呈上升趨勢時，土地競爭激烈，因此租金上漲。當有這麼多的人需要土地來維持生計時，最好的利潤來自勒索；通常情況下，人們會尋求土地所有權，通過細分地塊而增加租金收益，而不是將其合併起來為市場提高產量。土地比市場上其他商品都更安全，因為商品是可以破壞的，而土地不是，即使在無政府狀態下也不能。這是一個社會悖論：反覆導致無政府狀態威脅的土地制度（因稅收壓力導致那

些沒有官僚保護的土地所有者失去土地），因為無政府狀態本身的威脅而具有了吸引力。

　　當然，隨著土地租金上漲，土地價格也上漲。因為地價上漲，農民購買土地就更加困難，所以更有必要成為佃戶去租種土地，這使得地租再次上漲。高地租，加上可租土地被細分的微小面積一起，使得農民不太可能獲得盈餘。沒有盈餘，佃農就不可能積累財富去購買可以給他帶來盈餘的更大面積的土地。在這種惡性循環之上的是高利貸者，他們不是別人，正是大地主自身，從農民身上再撈一筆。

　　因此，道德名望和穩穩的物質回報構成了追求地主而非商人地位的誘餌。

作為威脅的擁有土地的官僚體系

　　如果胡蘿蔔已經來了，大棒還會遠嗎？商人們同時感受官僚制度的拉力與推力。他們的商業地位在法律上很弱，財產權、合同關係或公司活動都沒有真正的立法規定。法律、主要是刑法，而非民法，是國家而不是個人的支柱。國家以犧牲私人商販的利益為代價建立了壟斷（例如鹽和鐵），或者更確切地說，將受保護商品的貿易限制在由私人商販組成的封閉圈子裏，而這些私人商販從國家獲得交易特權。同時商人極易受到官僚「擠壓」的傷害，因此，他們不得不設法與官員建立相互依存的關係。由於無法在法律上找到保護，商人尋求通過贈送禮品和提供服務等方式與個

別官僚建立有益的個人關係。商人們為了挽救自己的脖子，必須出讓金蛋，以避免時時可能發生的反覆無常的徵斂。

有時同官員的個人關係不起作用，在沒有法律保障的情況下，當個人安排失敗時，官員可能會以激烈、突然的方式展示他們的社會權力。以下是司馬遷《史記》中記載漢武帝統治時期發生的事情：

> ……楊可告緡遍天下，中家以上大抵皆遇告……乃分遣御史廷尉正監分曹往，即治郡國緡錢，得民財物以億計，奴婢以千萬數，田大縣數百頃，小縣百餘頃，宅亦如之。於是商賈中家以上大率破……而縣官有鹽鐵緡錢之故，用益饒矣。（《史記·平準書第八》）

102

《史記》是後世王朝歷史的典範，這個故事也可以說是一個典範。

然而，總的來說，最終的安排是一種共存。商人存在於一個官員擁有霸權，因而事務多以非正式方式安排的世界中，他們甚至可以成功，但是地位不穩，前途莫測。在這個世界中，經濟精神反映了一般的儒家精神，即「生活的藝術」，其中心照不宣的個人安排取代了按部就班的操作。不僅存在榨取，而且接受榨取是預期中的事情，這表明資本主義精神是多麼軟弱。西方對擠壓的嚴格態度源於這樣一個事實：在歐洲，錢財方面的「道德正直」與定量簿記有著歷史聯繫。這是一個理想的非個人系統的常規功能。這種系統在中國沒有對應的東西，在中國最接近經濟規則的，是可能的「常規性的」非常規行為，這是個人安排的產物。

作為商品的官職

「榨取」這種情形，這種官僚與商業之間的特殊關係，構成了腐敗歷史的一部分，而腐敗是導致王朝衰落的原因之一。而當朝代衰落時，官僚體系在某種程度上就**確實變成了**生意，官職成了商業投資領域。也就是說，在經濟上陷入困境的衰落王朝，最後的手段就是出售官職。買賣官職當然沒有得到儒家的認可，但儒家反對出售官職與反對過度土地積累一樣不切實際，後者是在限制土地持有的限田運動中表現出來的。限田同樣是由董仲舒所倡導的，他憎惡賣官鬻爵，認為想要獲得官職，檢驗儒學知識是唯一適當的道路。

事實上，官僚的私人權力過大會給國家帶來能力上的損失，而國家需要為此獲得補償。官職是**可以**出售的，但認為賣官有可能拯救國家則是一種幻想，因為這在社會意義上帶有毀滅性質；當把賭注下在官職上的愚鈍投資者獲得官職時，他們只會加劇那些激起反叛的不公正現象。限田理論上可能拯救國家，但在社會上無法實施。因此，看上去可以真正在社會上實施的救國藥方是一劑毒藥，不會治癒真正的問題，而理論上可行的治療方法卻無法在社會上真正實施。在任何一種情況下，儒家思想似乎都受到了其官方維護者（作為官員的維護者）的玷污。

在這種情況下，我們最終或許會遇到兩種可能。一種是社會下層起初以反儒家為目標的暴動，正如我們在東漢末期看到的黃巾之亂那樣。對他們來說，儒家思想似乎更像是一種階級工具和

象徵，而不是普遍的、可用的想法。或者我們可以看到官員內部
「強人」的暫時出現，這個人會聲稱，通過對一個不情願的、雖然
表面上是公共的官場強制實行反私人措施，使儒家思想再次具有
重要意義，而不僅僅是象徵。這樣的情況，我們在西漢末期看到
有王莽。但是，無論西漢還是東漢，抑或唐、宋、明，都沒有在
類似的關鍵時刻提出一個可行的資本主義選擇。這一點，我們必
須等到現代中國，即條約口岸的時代。

第十章

漢朝：(三)調和及與「蠻夷」的接觸

調和

在諸子百家中，我們特別強調最大的三家，儒家、道家和法家。試圖把這三種思想齊整地劃分開來是過於概要化的，是一個整潔的書目家的幻想。當然，在漢代，調和才是流行的規則；這三個流派相互混在一起，每個流派都從其他思想中吸收了大量的東西。然而，儒家思想作為中心的吸收主體是首要的，「陰陽」和「五行」是漢代儒家調和的重要組成部分。

陰和陽，作為一對存在，分別命名但不可分割，表示了一種調和。互相滲透的兩面代表女性和男性、黑暗和光明等等。因此，作為一種學說，當調和者收集思想流派，對不同學派的界限加以模糊(這正是一種良好的陰陽觀念)時，陰陽學是選項之一。「五行」理論與陰陽學相關(見第七章)，也與調和的目的有著天然的聯繫。這五個元素相生相剋，提示著自然秩序。但是歷史也被引入五行系統，「五帝」(自伏羲開始)按順序出現，每一個的

興起都由一種元素代表，也包括一個顏色和一個方向（中、東、南、西、北）。董仲舒是建議國家把儒家思想作為正統觀念的最重要的思想家，也是一位卓越的陰陽五行理論大師；國家是宇宙的一個縮影，皇帝應該仿效自然來治理國家（憐憫重於懲罰，因為天偏愛陽，只在需要的時候用一點陰就可以：把秋天帶到冬天、從懲罰到死亡、從存在到空虛）。五行契合了漢朝的同質化精神，幾乎是其最好的象徵。五行思想主導了東漢都城洛陽（河南東部）的城市規劃。城門和宮殿展示著「南方朱雀」以及五行世界的其他神話動物和色彩。因為首都（以及在五個方向上佈置的漢代墓葬）代表了基本的漢代宇宙演化觀。

這種調和的哲學對於設定漢代藝術的基調非常重要，尤其是青銅鏡的藝術。雲車、天馬、龍和鳥帶來了不朽和來世的暗示。這些形象與陰陽和五行的象徵性圖畫混和在一起——陰陽五行必須保持協調，以保持世界和宇宙的平衡。

司馬遷在他偉大的歷史著作《史記》中採納了漢代通行的循環和感應假設：王朝更迭的秩序，以及每個王朝與哪種品質相關聯。每個王朝都會來，也必然會去；每個王朝都有一種特有的美德和相應的缺陷。然而，雖然有著這種根本上的決定論精神（與接受「天時」的憂鬱精神是同一種精神。那個神秘的「天時」，是孔子僅僅能成為「素王」的關鍵因素），歷史學家卻仍然從道德主義者的角度去寫作，臧否人物，闡明教訓，為那些有實際意義的行動給出方向。決定論和唯意志論在司馬遷的作品中被鎖定在一起，就像陰和陽一樣，也同樣被鎖定在漢代的儒家調和思想中。

一種內在的思想張力反映了漢代政治社會的張力；兩者都因生命
而緊張——這是持久性和穩定性的本質。

　　漢代對整體性的追求意味著編織「經線」和「緯線」。經，經
典，是經線，是實現社會秩序標準之寶庫。緯書（讖緯書籍）是
緯線，是將歷史的倫理領域與宇宙學聯繫起來的推測性材料。董
仲舒《春秋繁露》可以被認為是一種緯書範本，該書融合了自然
主義和倫理學，也包含了徵兆，以及利用徵兆來平衡宇宙的人類
行為指南內容。

　　在文學方面，孔子和司馬遷的強烈情感滲透於「騷」之中，
騷是《楚辭》的基本形式（可能比歌曲更接近歌唱劇〔Singspiel〕）。
詩人屈原創作了〈離騷〉，這是漢代編選詩歌集中收錄最早的
詩（漢之前）。屈原成為忠臣的典範，他因為正直而喪失了在
朝廷的地位。雖然他上升到比邪惡的塵世更高的層面，召喚神
靈並漫遊宇宙，但從未真正逃離塵世，逃離那時刻伴隨著他的
絕望，也從未逃離等待著他而最終也被他尋求到的死亡。在
這裏，在倫理上有一些儒家思想，在情感上則有一種道家的東
西，從起源來看，還有一些野蠻的成分。因為古代楚國位於長
江流域中游的山谷，最初（雖然不是戰國時代）被劃於中國的文
化圈之外。最終楚的詩歌被接受為漢文學的一部分（漢賦，或稱
散文詩，源於騷的風格）以及楚的一個家族被接受為漢室的一部
分（這個典型的中國王朝創始人，其家族來自公元前3世紀由楚
國統治的地區），在此我們看到儒家對待「野蠻人」的一種方式：
同化。

106

蠻夷

　　在公元前228年，在秦始皇征服整個帝國僅僅七年之前，他將統治區推向南方，進入現代的廣東、廣西和越南北部。南方適合農業，對於已經建立了定居生活方式的中國人來説，該處比長城以北的乾旱地區更易於進入。一個中國少數民族在南方定居，起初經歷了「野蠻化」過程，然後，隨著來自中國北方的新移民越來越多，他們開始變成一個更加獨立的存在。

　　漢朝的締造者高祖（劉邦）在從秦向漢過渡的混亂年代之後鞏固了中國的影響力，例如，在現代廣州附近出現了一個獨立的王國，由來自北方的中國人領導著相對原始的越部落成員。公元前196年，該國國王被誘導接受漢朝宗主權，隨之而來的是更多的吞併。漢朝持續把中國人送入新獲得的疆土，並（在更大的程度上）把當地的原住民變成中國人，地方官員和學者在那裏建立了儒家學校。

　　在北方和西方，中國人面對的是勇武的遊牧民族，他們相對不受儒家思想的同化影響。漢代軍事歷史主要在這裏發生，因為大量的軍事活動，這裏也是漢朝經濟史的重要組成部分。春秋時期以來，中國人一直在北方作戰。在秦完成了修建長城，並且控制了河套區域的鄂爾多斯地區後，被稱為匈奴的人被迫聯合起來。公元前200年，匈奴取得了巨大的勝利，幾乎俘虜了漢高祖劉邦，並迫使漢朝開始採納和平政策。一位漢朝公主被嫁給遊牧民族的統治者單于，同時漢朝同意每年向匈奴贈送「禮物」。這

一情形一直持續到公元前133年，漢武帝在位加強了中央權力，漢朝決定停止為獲得保護而支付代價，並轉回堅持維護自己邊境的政策，它以強硬的態度把中國人帶入了朝鮮和中亞。

在朝鮮，由中國人建立了一個名為衛氏朝鮮的國家，但它不屬於漢朝的管轄範圍。公元前109年至公元前108年，漢武帝摧毀了這個國家，使之無法成為正從蒙古擴展到滿洲的北方匈奴的一部分。他設置四個郡，將朝鮮納入漢帝國。中國對朝鮮的直接控制，特別是在西北和中部，持續了大約四百年。所謂的樂浪文化，其中心位於朝鮮現今的平壤附近，對考古學家來說仍然是最偉大恢宏的漢代遺址之一。

對匈奴的主要衝擊集中在西部。在公元前139年，特使張騫開始了他那著名的出使西域之旅，足跡深入西亞。他的使命（以失敗告終）是與月氏人結盟。月氏人被匈奴從東北亞地區趕到了印度西北地區，在那裏他們建立了貴霜帝國。張騫兩次被匈奴俘虜，但他還是於公元前126年回到了長安。然後在公元前115年他再次出發，目標是為漢朝與大宛和粟特建立關係。大宛在公元前101年被漢吞併，中國人對中亞綠洲的持久興趣（實際上經常被挫敗，但興趣不減）第一次堅實地得以實現。與羅馬帝國進行貿易的「絲綢之路」從長安（西安，在今陝西省）出發，穿過甘肅敦煌，經過塔里木盆地，一直向西延伸。

在王莽統治結束時的內戰期間，匈奴復活了。最終，在東漢時期，匈奴出現了分裂，他們以朝貢者的身分居住在漢的邊界地區。作為結束中國人統治中國北方的野蠻暴力浪潮的一部分，匈

108

奴在4世紀再次興起。直到隋朝，在589年，中國人才重新統治
中國北方。

　　與匈奴和戰的經歷給中國人對蠻夷本性的瞭解帶來什麼？早
在採用懷柔政策的漢初，賈誼（公元前201年－公元前169年）便
推薦「五餌」，用漢的奢侈來腐蝕遊牧民族。匈奴人樸素而充滿
活力的生活方式被視為他們威脅的源頭，讓匈奴被毒害的果實所
包圍，使漢有時間能夠建起與之相匹敵的軍事能力。但漢也必須
不斷追趕匈奴的軍事能力，因為那些可以安撫野蠻獸性的中國產
品也同時激起了殘暴的（尚**未被**安撫的）胃口。漢朝與匈奴關係
的模式成為後來儒家帝制中國歷史的漢朝模型的一部分：中國的
對外關係包括朝貢體系（「禮物交換」）和戰爭。當董仲舒感嘆匈
奴不易受禮（「禮儀」）影響，只關注利（「利潤」）時，他為清朝
的奏摺作者們開了先河。差不多兩千年後，他們看到西方的商人
以鴉片換茶的逐利行為，並以此確認這些人的蠻夷身分。

閱讀材料

Tjan, Tjoe Som. *Po Hu T'ung, The Comprehensive Discussion in the White
　　Tiger Hall: A Contribution to the History of Classical Studies in the Han
　　Period,* vol. 1. Leiden: E. J. Brill, 1949.

Lattimore, Owen. *Inner Asian Frontiers of China.* Boston: Beacon Press,
　　1962. Paperback (original edition 1940).*

---

* 　譯註：中譯本為：拉鐵摩爾著，唐曉峰譯：《中國的亞洲內陸邊疆》，南
　　京：江蘇人民出版社，2005、2008。

Yu Ying-shih, *Trade and Expansion in Han China: A Study in the Structure of Sino-Barbarian Economic Relations*, Berkeley and Los Angeles: University of California Press, 1967.[*]

---

[*]　譯註：中譯本為：余英時著，鄔文玲譯：《漢代貿易與擴張》，上海：上海古籍出版社，2005；台北：聯經出版，2008。

社會穩定性的思想內涵：
(一)作為哲學相關體的儒家和道家

　　我們討論過，(一)儒家思想首先是穩定的哲學，是變革的對立面；(二)因此，在秦革命之後，它對中國社會來說自然是特別合適的，因為在解決封建制度的張力過程中，這個社會正在變得相當穩定；(三)這種社會穩定不應與太平盛世相混淆，相反，它包含了不斷發生的內部混亂。包含著無序的穩定性是一種社會悖論，那麼是否存在與這種社會狀況相似的思想悖論並能夠證實其事實存在？

110　　社會穩定意味著不同社會階層之間的一種相互適應，雖然這種適應可能已經破裂，但它至少會被粗略地重新構建，以免社會性質發生關鍵性的變化。在秦以後的官僚社會中，從思想的角度來看，確實存在這種對各種差異之間的適應和這些適應的暫時破裂。儒家和道家是**彼此相屬**的(這個主題有一部分在本「問題」的討論中更為突出)；儒家和道家也**相互對立**(見下文第十一章)。他們在知識上屬於一體，又相互對立，相屬與相對都有重要的社會意義。

由於重複出現是這種適應和破裂模式的一部分，對漢代模式的描述將需要我們把它放到比漢更長的時間跨度。

西方和儒家人文思想中的「自然」與「社會」

中國有一句老話說，在朝為儒，在野為道。這種模式可以用來寫傳記，這句話卻不應該過分當真，但確實道出了一些有意義的東西：它濃縮了兩個複雜的情況。首先，它表明儒家思想與社會生活中的權力和名望聯繫在一起，而道家思想則與其相反，意味著從社會和社會關注中解脫出來。但是，第二，它也暗示儒家和道家雖然是對立的，但卻以某種方式屬於一體，創造一個完整的人，二者不是在中國文化中互爭高低，更是依賴於彼此去創造一種雙方都參與其中的文化。

它們之間有什麼對立？對立主要表現在它們分別各自強調的、在中國和西方的大部分思想中都具有相反定義的兩個概念中：**社會**（儒家的重點）和**自然**（道家的重點）。但在中國，雖然社會和自然的定義不同，但它們並不是互相遙不可及，成為不同思想流派的出發點。儒家和道家絕不能被視為中國的「古典」和「浪漫」。

為了澄清這一說法，為了準確地看到中國更高的思想方法**不是**什麼，我們可能會注意到西方文明的一些例子。在古典希臘，因為**蘇格拉底**（Socrates），人們對宇宙（愛奧尼亞人的「前蘇格拉底」哲學）的興趣，明顯轉到對人與社會的哲學上。在柏拉

111

圖對話中蘇格拉底對斐德羅（Phaedrus）説：「我是知識的愛好者；我的老師是居住在這座城市的人，而不是樹木或鄉村。」很久以後，在18世紀，塞繆爾‧約翰遜（Samuel Johnson）回應了這一點（約翰遜博士是古典主義者當中的聖騎士，他對生活和自然的態度有許多都與浪漫主義者明顯衝突）。在一次穿越法國的旅途中，當別人在欣賞風景時，約翰遜博士不耐煩地反駁説：「無論是在一個國家還是在另一個國家，一片草葉總是一片草葉……男人和女人是我的探究對象；讓我們看看這些人與我們留在身後的那些人有何不同。」

這種古典西方人文主義的態度對美術產生了影響，在這裏我們看到了西方和儒家人文主義之間的區別：在西方，作為古典強調人和道德修養的必然結果（參見孔子），美術作品中缺少或不看重**風景**。在希臘和羅馬藝術，以及後來開始於米開朗琪羅（Michelangelo）和拉斐爾（Raphael）的古典藝術中都是如此；風景只是充當補充的角色。我們不僅有繪畫本身作為證據，還有許多關於美學的文本，一直到18世紀，告訴我們理想的藝術是指向人類的行為和潛力的。在中國，要尋找人文主義者對風景的拒絕將是徒勞的（儘管在漢代，可以肯定的是，繪畫被認為是從道德主題中獲得道德價值）。相比歐洲，中國甚至更是這樣，文人有意識地承載了文明傳統，他們對繪畫的品味成為其屬性之一，而且在中國藝術中完全注入了對自然的感覺。隨著儒家修養更加強勢（一個從實際目的角度上看，自漢代開始、在宋代達到高潮的過程），自然成為儒家文化繪畫寶藏中**最**重要的主題。肖像畫當

然存在，並且有很多類型的繪畫，但總的來說，中國藝術的主題
不是人而是自然，或者説，至多是人**在**自然中。在中國的高雅文
化中，有某種東西避免了儒家和道家、「社會」和「自然」之間的
分離，避免了出現歐洲模式中的「古典－浪漫」的裂縫。

112

道家與儒家的「和諧」

重要的一點是：中國藝術（**儒家式**鑑賞家的藝術）中的自然，
並不是人「古典地」漠然置之（在西方意義上）的某種東西，也不是
人「浪漫地」敬畏、恐懼或將之視為崇高（在西方意義上）的東西，
而是人**道家式**地融入其中的一種東西。人不是通過理性區分或情
緒反應而與自然分離；他與大自然融為一體，與之和諧相處。在
大多數情況下，中國的風景畫展現出人如同樹木和山脈一樣自然
而然地融入周圍環境。自然不是僅僅被觀察到，因為觀察意味
著自我與客體的分離。這種分離對於道家而言，隔離了自我，從
而將自我放逐於道家認為徒勞的努力以及不可避免的隨之而來的
苦難中。正是與自然的認同消除了意識，而意識最終總是關於自
己的，而且是不祥的。這就是為什麼中國美學以其重要的道家
成分，促使觀眾迷失在畫面中。在繪畫上，最著名的表現是很小
的人物在無限的峽谷或雲層中蜿蜒前行：他們真正屬於大自然**之
中**，而不是從外向內看。看畫的人屬於圖畫之內，就像圖中的人
屬於自然中一樣。宋代著名畫家郭熙在《林泉高致》中提出，觀眾
應該偶然撞入風景中，一幅畫應該「正面溪山林木，盤折委曲，

鋪設其景而來，不厭其詳，所以足人目之近尋也」。前景如此接近，以至於可能阻擋行人的道路。也是因為這一關注，在無數的中國風景畫中注入了「心理對稱」的原則。客觀的對稱性是不可取的，因為其完整性會將觀察者排斥在外，但是不對稱卻能把人帶入描繪的自然場景，因為他可以用**他的思想**補足形式上所空缺的。

113　　這就是道家與宇宙共和諧的觀念，以及它在被儒家學者所珍視的藝術中的表現，儘管其儒家思想將他與紛繁複雜的世界聯繫起來，遠離道家的自然孤獨。稍後我們將詳述道家的直覺與儒家的教化、道家的無政府主義和儒家對政治的強調之間的區別。但是在這裏我們必須注意到它們共有的**和諧**概念超越了這些區別，並且使這兩個系統不同但又相關。

　　在正式的儒家著作(特別是經典《中庸》)中，以及在一般中國人的生活和文字中，和諧的價值都得到強調。和諧被視為自然和社會兩個世界的偉大規範；儒家和道家同樣是平衡的哲學，無論人的平衡對象是社會還是自然宇宙。不平衡將意味著人反對人，人反對自然，在任何一種情況下都是自我與「他者」之間的分離。但儒家和道家 —— 以各自的方式 —— 意味著結合、合一，永恆模式的和諧與靜止。

「自然」與「高貴的野蠻」

　　因此，道家對自然之強調的美學含義，如在風景畫和詩意遐想中所表達的那樣，很容易被文明導向的儒家思想所接受。這表

明，社會與自然之間的區別作為思想的出發點並不一定意味著明
顯的知識分裂，無論歐洲經典浪漫的二分法可能怎樣暗示。道
家與儒家思想的兼容性還有另一個反面的證據，即道家自然哲學
從未有歐洲浪漫主義自然哲學的野蠻（因此，很顯然，這絕對是
非儒家的）傾向。道家思想儘管抽象地具有所有反文明的哲學偏
見，但從未淡化中國人 —— 以及儒家 —— 對侵犯過中國的民族
（文明程度較低，往往是遊牧民族）的基本敵意。遊牧民族的生
活需要特殊的放牧和軍事能力的組合；在周朝末期及後來，隨著
中國文化明確地變成定居農耕的模式（參見起源神話），以及儒家
和平主義的「文官」思想的深入，遊牧生活變得越來越令中國人
厭惡。

114

　　中國的反野蠻風格是世界歷史上常見的風格。抽象地説，文
明蔑視這些民族。公元前2000年的蘇美爾讚美詩這樣咒罵阿摩
利人（Amorite）：「不知道服從 …… 他一生中都沒有房子。」在埃
及文獻中有「悲慘的外鄉人 …… 他的腳總是遊蕩 …… 戰鬥 …… 」
的記載。巴比倫的「西方之牆」是用來阻擋這些野蠻人的「文明」
設計，埃及的「統治者之牆」也是如此。中國由秦代在公元前3世
紀完成的長城當屬最為著名的。中國人對長城以北的敵人的稱
呼，匈奴，沒有具體的民族意義，一般是指北方遊牧民族和他們
的生活方式。「奴」字雖然有不同的書寫方式，但通常都是「奴隸」
的意思。回顧亞里士多德（Aristotle）的格言，野蠻人是「天生的
奴隸」，因此「匈奴」一詞極好地表達了儒家對野蠻人的蔑視。儒
家思想的文明崇拜深入骨髓。

　　道家在這件事上同儒家有交集嗎？讓我們來看看唐代元結的
〈思太古〉*：

東南三千里，沅湘為太湖。

湖上山谷深，有人多似愚。

嬰孩寄樹顛，就水捕鯔鱸。

所歡同鳥獸，身意復何拘。

吾行遍九州，此風皆已無。

吁嗟聖賢教，不覺久踟躕。

115　　沒有什麼比這首詩歌展現出更明顯的道家、更明顯的非儒家。

　　然而，我們應該清楚的是，這是一種儒家的道家；它表達了
一種標識著文明的自我意識的複雜、內省的態度。這種反智主義
是一種智識策略，這種對野蠻主義的追求是一種文明的態度。野
蠻僅僅是作為文明的對立而被定義。從文明中逃離的樂趣只對文
明人開放。

　　野蠻只有作為這種文明的愉悅才能在中國思想中得到尊重。
道家引入了這種抽象的反文明主題，但從來沒有減輕儒家文明對
具體的、顯而易見的野蠻的蔑視。傳統的中國思想，無論道家或
其他，都不包括對與中國人在真正的歷史中發生過衝突的、實際
存在過的歷史民族 (不是複雜的概念) 的認可或欽佩。

----

*　　譯註：韋利將之譯為〈文明〉("Civilization")。

正如上面對美學的討論一樣，我們發現，如果把古典人文主義和偏向自然的浪漫主義這種歐洲二分法作為儒家和道家關係的樣板，就會產生誤導。在歐洲，古典主義者對原始部落征服者的貶低，被浪漫主義對他們聲譽的復原所抵消。形容詞「哥特的」（Gothic，來自征服羅馬帝國的部落民族之一）在古典語境中意為「粗魯的」，其惡毒內涵被浪漫主義所清除。在《羅馬帝國衰亡史》中，古典主義者愛德華・吉本（Edward Gibbon）將日耳曼部落（和基督教）視為文明的破壞者；但是斯塔爾夫人（Mme. De Stael）在她的浪漫作品《論德國》中將同樣的部落描繪成復興，它們將生命帶回了一個筋疲力盡和衰敗的世界。

然而，在中國，儘管道家崇敬自然界和自然的東西，卻從未對歷史修正主義作出貢獻：真實的、歷史上的部落敵人，那些中國人認為原始和不文明的敵人，其名聲從未因道家原則的應用而被修復。假如哲學的道家對野蠻表示出這樣的懷柔，那它就確實會與儒家思想不可調和。但道家與儒家思想並非不可調和；他們只是分別通過對自然和社會的側重在哲學上彼此區分。假如他們是競爭對手，那麼他們的敵對最終是被平息了——達成了一種適合社會穩定體系的思想狀況。

確實，儒家的修身配方內聖外王，也是我們指出的儒家道德對法家進擊性的專制統治的批判，實際上可以追溯到道家莊子的文章。重要的是，儒家的調和能力，其本身就是對和諧的貢獻，它在這裏被用作配方來使和諧成為現實存在，作為社會平衡，是世上一種非強制的均衡。

116

結論：哲學相關性作為對社會的反映

　　儒家與道家之間的衝突是無結果的，（一）因為他們有一個共同的主題，**和諧**；（二）因為那個共同的主題，**和諧**，暗示著對衝突的哲學拒絕。（一）和（二）在一起，它們主題的共性和它們主題意義的共性，阻礙了它們之間的任何鬥爭。由於儒家與道家之間的衝突在很大程度上是虛幻的，相對而言，它們在歷史上的衝突沒有產生新的結論。儒家和道家的思想調和構成了漢代思想史的一個重要組成部分，而這種調和更是對知識上和平的追求，試圖阻止由對立而引發衝突的這種變革過程。

　　這是在傳統的秦以後中國思想史發展相對緩慢這個問題的核心所在；事實上，作為社會穩定的官僚社會的品質之一，中國歷史似乎不像歐洲歷史那樣擠滿了不同的思想，不同觀點的滲透也相對溫和。儒家思想，作為主導知識生活的**傳統主義**（雖然存在多次儒家統治的大中斷，我們隨後會研究），從邏輯結果的角度來看，顯然解釋了思想變革的緩慢步伐，這步伐與社會變革的緩慢步伐相平行。但是傳統主義仍然**傳統的**原因之一（即從歷史或時間順序的結果角度看，為什麼儒家思想仍然佔主導地位，總是從聲望和接受度的下降中得以恢復），是道家，儒家偉大的原始思想對手，能夠為儒家所用，在同一個帳篷下與儒家一起生活。

117

象徵性反對作為社會的反映：導言

因此，儒家與道家之間的哲學關聯，它們在中國高雅文化中的契合，可以看作社會穩定的標誌。這種高雅文化，我們從文人的思想和美學記錄中瞭解到，只有在社會太平時期才能得到充分發展，當時王朝和官僚(「文人的先鋒」)似乎處於相當好的工作秩序。但是，我們必須記住，中國傳統社會的穩定不是永久太平的穩定，而是一個崩潰和重建循環的穩定(這些起到穩定作用的社會制度和思想方法在第一個偉大的帝國時期，秦漢時代，就已經有了輪廓，然後一直到宋代，不斷受到更豐富的闡釋)。正如官僚社會的特徵是既要凝聚又要分解，儒家思想和道家思想的特徵也一樣，既要被聯繫起來，又要被分開。

道家與儒家的和諧是社會太平在思想上的反映，道家與儒家之間的張力是社會壓力在思想上的反映。道家(或後來的佛教或基督教)在週期性的崩潰階段被宣傳為明確的反儒家。在那個階段，當儒家思想本身變得更具**象徵意義**而非實際上的**重要性**時(即，更多的是官員特權的標誌，而不是官員良好榜樣的倫理內容)，道家成為背叛儒家政權中紳士－文人－官員權力擁有者身分的一個符號。

我們將推遲對儒家和道家作為象徵性對立的分析，直到對漢代社會歷史的討論將我們帶到歷史循環的第一個大轉折中的崩潰階段。到那時，道家以不同的表現形式(首先是「新道家/道教」，然後是「民間」或「宗教道教」)分別成為逃避現實的知識分子和農

民造反的抗議形式，然後我們才能夠把握儒家與道家關係的完整複雜性。在這種知識關係的矛盾中 —— 部分和諧與關聯，部分敵對與分離 —— 我們可以看到中國社會的一種啟示，它同時具有社會統一和秩序的向心傾向，以及社會壓力和崩潰的離心趨勢。

第十一章

黃巾之亂與第一個偉大王朝時代的結束：
陷入割據

正如在戰國時期，經濟進步和社會政治解體在後漢（或稱東 119
漢）時期攜手而來。城市繼續發展，新的技術設備開始應用，農
業產量增加，新的財富來源被發掘而出。然而，正如在許多其他
社會中（比如1914年以前的俄羅斯），財富的積累只會使社會中
一部分人受益，而某些人的快速社會經濟流動會對其他人造成破
壞性後果，「富農」（*kulak*）階級的出現意味著對能力較弱的農民
的摧殘。遊牧民族對邊界的持續攻擊使邊境地區的農業人口永遠
處於不穩定中。中國南方新開闢了土地，其誘惑導致了內部的遷
移。國家在行使控制權方面越來越無效，導致地方精英的崛起，
這是即將來臨的「六朝」時期士族的根源。經濟剝削變得日益激
烈，村莊的團結受到威脅。地方精英力量的不斷增長和社會穩定 120
的消解最終將推翻漢朝國家日益脆弱的結構。但在最後的災難發
生之前，崩塌的跡象在反叛和暴亂中變得越加明顯。

如果經濟發展本身開始蠶食基本的社會結構紐帶，那麼直到
今天依舊折磨中國的頻繁的自然災害，往往會徹底繃斷這些紐

帶。自然災害意味著即刻到來的飢餓，飢餓迫使農民離開他們的村莊，為了尋求食物而流離失所。從漢朝開始，中國的歷史記錄中講述了廣泛存在的流亡現象，為了尋找工作和食物，人們流浪到遙遠的異鄉。值得注意的是，英語裏沒有描述這種現象的單詞，但它存在於俄語裏——流民現象（*brodiazhestvo*）——並且在1914年之前被廣泛使用。人們可能會認為，中國家庭制度的力量會把個人根植於他們的祖屋裏，無論生活條件如何可怕，都會阻止移民。然而，在漢代，核心家庭已經成為中國家庭生活的常態，而經常受到儒家學者高度讚揚的大家族制度，幾乎沒有延伸到農村精英以下。後來的中國故事裏一再地講述，貧窮的男人離開家去尋找工作，幾十年後回來，經常發現他們原來的家庭已消失殆盡。漢朝文獻經常提到流亡，其他因這種現象而出現的詞也開始出現：「土匪」、「盜匪」、「劫匪」。從107年開始，這些詞在文獻中越來越頻繁地出現。在他們的孤立和貧困中，這些「流民」開始形成團體，因為沒有任何出路，只能以劫掠社會為生。

在137年之後，歷史文獻開始包括一些新的東西：農民反抗帶有意識形態因素。這個因素總是採取宗教形式，不是儒家形式（儒家強調理性和保守主義），反而是在寬泛意義上的「道教」形式，具有非理性和威脅性的社會激進主義特徵。正是這些新的宗教信仰形成了價值觀、意識形態，使各色各樣的強盜團體組成了新的組織，文獻中出現了新詞：「妖賊」。我們必須記住，歷史通常是由勝利者書寫的，他們很少理解被消滅者的動機。對於當代

和後世的儒家歷史學家和官員來說，這些土匪正在攪起魔法的黑暗世界，即迷信的可怕力量，儒家理性力求馴服這種力量。正如12世紀一部著名的宋代儒家歷史所直率地描寫的：「或棄賣財產、流移奔赴，填塞道路……郡縣不解其意。」

在更晚的時代，太平天國時期（1850–1864），政府（清朝）和太平天國在類似問題上的記錄揭示了將兩者截然分開的精神鴻溝。另外，支持現狀的人不能理解造反者，還有另一個因素：恐懼。農民暴動不僅是對富人和當地政府官員的攻擊，而且開始瞄準最大的政治目標，叛亂的領導者越來越多的開始稱自己為「皇帝」。宗教的普遍幻想很快導致了政治的普遍幻想，取得完全的權力成為叛亂分子的目標，他們非常清楚地記得漢朝自己是如何上升到至高無上的地位。

一個當代中國共產主義歷史學家談到「（這些造反者的）宗教信仰和宗教組織使得組織分散的農民群體成為可能」，這是共產黨人一再聲稱屬於自己的那種壯舉。在後漢時代，有兩個主要的宗教社會群體，一個自稱「太平道」，另一個被稱為「五斗米道」。「黃巾」這個詞被他們的漢朝對手用來指前者，來自他們具有標誌性特徵的頭飾（就像「長毛賊」被清朝用於19世紀的太平天國一樣）。在黃巾的意識形態中，似乎有一種千禧年幻想（chiliastic fantasy）元素。暴力將掃除當代社會的邪惡，全面的勝利將帶來千年的「太平」。將充滿暴力與終極太平奇怪而矛盾地聯繫起來，這在中國歷史上會再次出現，實際上它也是中世紀歐洲世界末日宗教運動的特徵。

121

122

　　漢順帝在位時（126–144），黃巾軍開始興起。《後漢書‧襄楷傳》中有一段提到宮崇向朝廷獻上方士「其師干吉於曲泉水上所得神書七十卷」，稱為《太平清領書》。這些書是以陰陽五行學派的風格寫成，並且有很多巫覡的預言。朝廷認為，宮崇向朝廷獻上的書籍是魔法謊言，而不是典籍，因此這些書被沒收了。後來，張角手中有很多這樣的書。

　　張角是黃巾軍的最高領導者，不僅是最大的反叛者，而且是他們的咒術師。這些書籍出現在河流的源頭，表明這些叛亂分子藏匿在遙遠的堡壘或者山野裏，就像現代游擊隊一樣。把這一切歸罪於魔法，揭示了漢朝並不理解他們將要面對的到底是什麼樣的敵人。

　　如果說我們對黃巾軍瞭解有限，那麼對「五斗米道」就知之更少了。這個名字可能源於追隨者入教需要向他們的領導人交五斗米的做法，他們出現於中國中部的四川，靠近今天的重慶，與黃巾軍的活動區域不同。

　　黃巾軍由張角、張寶和張梁三兄弟領導。「五斗米道」由來自一個共同祖先的祖孫三代人張陵、張衡和張魯領導。他們的姓（張）雖然在中國相當普遍，但在未來幾個世紀中仍將與道教有著奇特的聯繫。不論大股反叛者還是小股反叛者，都強調信仰的療癒能力。一份後世資料中的文章描述了治癒過程：

123　　　太平道者，師持九節杖為符祝，叫病人叩頭思過，因以符水飲之，得病或日淺而癒者，則云此人信道。……修法略與角同，加施靜室，使病者處其中思過。又使人為奸令祭酒，祭酒主

以《老子五千文》，號為奸令。為鬼吏，主為病者請禱。請禱
之法，書病人姓名，說服罪之意。作三通，其一上之天，著山
上；其一埋之地；其一沉之水；謂之三官手書。使病者出米五
斗以為常，故號曰五斗米師。

除了治病之外，這些反叛者還有明確的社會政策。張魯接替
了父親張衡，在中部地區宣傳「五斗米道」學說，建立了儲存糧
食和肉類的公共建築。信徒在旅行時可以在這些建築物中過夜，
得到食物，我們可以假設黃巾軍也有類似的做法。

黃巾的領導人張角來自河北西南部，他自稱「大賢良師」。十
年之內，他聚集了數十萬名信眾。他們的主要活動雖然集中在中
國東部，但也延伸至遙遠的南部和西部，大部分信徒來自農民。
他們組織得很好，分為三十六個「方」，由一萬人組成的「大方」，
以及六七千人組成的「小方」，每個方由一名副「師」領導。張角
不僅鼓吹對漢朝的敵意，而且宣揚漢朝即將消亡：「蒼天已死，
黃天當立」。暗藏的奸細在官員的大門上寫下了184年的干支紀
年「甲子」。184這一年將是決定性的一年，為此，「大方」領導人
之一的馬元義秘密前往首都洛陽，在那裏與某些位高權重的宦官
接觸。計劃確定於農曆三月初五在洛陽及周邊地區舉行大暴動，
但是黃巾軍中的叛徒已經將暴動者的計劃報告給了朝廷。

馬元義被抓獲並處決；張角一得知此事，立即下令暴動。農
民叛亂者在他們的頭上纏繞著黃色頭巾（這樣黃天就會認出他們
是自己人）。他們攻城奪邑，焚燒官府，恐慌情緒籠罩著官場。
洛陽附近被建起了防禦工事，部隊被派出去與成群的叛亂者作

124

戰。農村各地，富裕的地主組織私人軍隊來保衛自己。在面臨共同危險的情況下，造成派別和陣營分裂的漢朝廷內部政治衝突被擱置了。

和17個世紀以後的太平天國運動期間一樣，決定命運的偉大人物會從鎮壓叛亂的領袖陣營中出現：他們是董卓、曹操、劉備。漢代官僚機構未能維持其國家結構，朝堂上的爭吵閹割了君主制，唯一的辦法是轉向強有力的人，有能力組織和領導軍隊的人。雖然暴動被粉碎，但漢朝最後的悲劇種子已經播下。

黃巾之亂的範圍遠遠超出了洛陽。雖然在戰鬥中勇敢而狂熱，造反者卻無法與鎮壓他們的天才將軍們相提並論，再加上當地士紳的反抗，黃巾軍注定滅亡。在一年之內，動亂幾乎被平息，農民死傷以數十萬計。零星的暴動繼續爆發，特別是在張角土生土長的河北，但動亂的心臟已經不再跳動了。

然而，黃巾之亂動搖了後漢權力的基礎。當地士紳依靠自己的資源，已經認識到了自身的力量，並使其增強。他們越來越多地擺脫朝廷的控制。當權力基地在西部的董卓奪取了對洛陽的控制權後，中國中部地區強大的士族和地方當權者幾乎完全脫離了正在消失的中央政府的控制。曹操的兒子曹丕描述了與董卓的鬥爭，對這種情況絕望地評論說：「名豪大俠，富室強族，飄揚雲會，萬里相赴……而山東大者連郡國，中者嬰城邑，小者聚阡陌……」190年以後，雖然漢朝名義上仍然存在（直到220年），但實際的控制權已經掌握在割據各地的領導人物手中——袁紹、袁術、曹操、劉備、孫策等人。中國歷史上一個新的時期已經開始。

閱讀材料

Welch, Holmes. *The Parting of the Way: Lao Tzu and the Taoist Movement.* Boston: Beacon Press, 1966. Paperback (original edition 1957).

社會穩定性的知識內涵：
(二) 儒家和道家作為象徵性的對立體

道教和中國社會中的社會壓力

在各種關於王朝危機的描述中，我們可以看到下面的陳述：

成群結隊的飢民在全國流竄，乞靈於道教的神。這種「飢餓」與「道教」並現的意義是什麼？必須在哲學抽象的範疇中討論的道家，與社會情境中實際的人有什麼關係？更進一步，這種注入宗教色彩的意義是什麼，為什麼提到道教**神靈**？作為哲學的道家與作為宗教的道教有什麼關係（畢竟兩者都被稱為道），兩者如何彼此區分？這種哲學與宗教之間的區別，跟道教與社會底層或背井離鄉的人的聯繫是否有關？

黃巾之亂主要是文盲農民反對儒家官員政權，為了理解其具體道教性質，需要再次反思道家與儒家之間的思想分歧。通過再次引用他們關於知識的不同概念，我們可以給出最簡練的概括。道家堅持，要理解一個事物的意義或重要性，人必須成為這個事物，使自己的意識與之協調，並達到一種精神態度。這種態度帶

來知識，不需要儒家所強調的行動，不需要深思熟慮。主觀和
客觀變成一體。正如《莊子》所說的，「唯達者知通為一，為是不
用，而寓於庸；因是已。已而不知其然，謂之道。」把自己放在與
外部的主觀關係中，沒有對他們的客體性意識，這就是道。(參
見艾略特〔T. S. Eliot〕〈乾燥的薩爾維吉斯〉〔"The Dry Salvages"〕：
「……聽得過於深切而一無所聞的音樂，但是只要樂曲餘音未
絕，你就是音樂……」)＊在公元5世紀著名畫家謝赫的經典《畫品》
中，他提出「六法論」，其深奧的第一原則(「氣韻生動」，靈魂和
諧，生命運動)，總是被人以道家的意義來理解。畫家要抓住(不
是瞭解到)那些最適合傳達內心生命的外在特徵，氣、精神。這
就是說，他把自己調到與道在同一頻道上，道與他的主體是同一
的，不是在努力以緩慢的方式獲取知識，從外部積累感官知覺。

　　道家的直覺性是儒家知識性的另一個哲學選擇，但作為哲
學，在其對藝術和生活的影響中，它與儒家思想從根本上是意氣
相投的。它激發了高雅的藝術和高尚的哲學，即高級文化或文
明，而儒家終究是獻身於文明的。然而，道家**宗教**作為儒家思想
的另一個選擇，對儒家文人來說並不相合，而是可鄙的，這個宗
教變得與大量非士紳的民眾有關。

127

　　農民暴動從來不是道教引起的，中國的內戰從來不是宗教戰
爭，並不是道教的信徒出於對其宗教教義的敵意而試圖粉碎儒家
思想。農民暴動是因為社會壓力，當理想的儒家社會和諧太過於

＊　　譯註：中譯採用湯永寬譯本。

虛幻時，流行的、宗教的道家成為農民決意疏遠官方儒家執政秩序的一種標誌，就像黃巾本身一樣。一位衣食無憂的官員可能會寫出在哲學上屬於道家的詩，以此從追名逐利的儒家思想中解脫出來。但是一個飢腸轆轆的農民可能會去乞靈於道教神靈，並開始殺死儒家官員。

從道家哲學到道家宗教：思想衍生

道家與道教之間的區別，在漢代，是通過對兩個道家流派的認定來表達的：

老莊（老子和莊子），否認死亡具有重要性。

黃老（黃帝和老子），尋求長生不老的靈丹妙藥。（但是，對黃老這個詞的定義有可能只是漢代以後的學術假設，而在漢代，這個組合指的是最受黃巾歡迎的道教神祇，黃老君。）[1]

正是在這種對重點的強調的轉變中，從企圖消除死亡**意識**，到試圖通過達到身體不朽來消滅死亡，我們看到了道教的普及。**兩者**都是道（注意老子這個元素對兩者是共同的），都關注生與死的意義。但是，一個試圖通過神秘的洞察來超越人類的局限，而另一個則是通過魔法和原始科學，不是去改變人類對生命的理解，而恰恰是去延長和改善人所知道的這種生命。

1　在漢代，「黃老」也有另一種含義，指的是清淨無為(*laisser-faire*)的政治哲學。

哲學的道家隱士（我們從儒家創作的繪畫等藝術作品中瞭解到的）只是從社會中消失，變得與自然融為一體，在自然中**失去自我**。也就是說，不是身體上的迷路，以至於其他人找不到他的身體，而是失去**對自己的意識**（或同樣的事情，失去對事物「他者性」的意識）。但是在流行的道教中，隱士變成了一個「長生不老的人」。也就是說，一個人不會「迷失自我」（一種心理操作），而是恰恰相反，在身體上延續自己。同樣，在哲學的道家中，龍是道的象徵，這裏的道是指宇宙中無所不在、人類永遠無法掌握的力量。在13世紀道家畫家陳容的〈九龍圖〉（波士頓美術館藏）中，龍在雲層中雄偉地遊動，但卻從未被窺見全貌（老子：「道可道，非常道」——可以被瞭解的道不是永恆的道）。但是在民間道教中，龍仍然是道的象徵，被強調為「雄性力量」，是身體力量的保證，表達的是朝向生命和生命力的驅動——是人類現有生命的延伸。

因此，對**身體**的強調是大眾道教的特徵。其與哲學道家的關係，在某種意義上可以被描述為對思想概念的物質解釋（或錯誤解釋）。例如在黃巾軍的一個主要分支中，有一類人在指揮部隊的同時傳授宗教。他們將《道德經》（這顯示了他們與哲學的道家的直接聯繫）熟記於心，但它卻變成了黃巾宗教實踐的闡述，沒有任何文本的修改，只是通過一個附帶的解釋，把最抽象的段落以驚人的物質形式寓意化。

總之，哲學道家的目的是與永恆的道的神秘聯合，這是萬物的第一原則，永恆、非個人而又內在於所有。但是道教信徒一般

128

都沒有達到這個高峰，而且衍生庸俗化的潛在可能很早就被看到了。莊子記錄了一個同門徒一起來的男人，他向莊子索取延長生命的方法，別的什麼都不要。這是宗教組織中大多數道士的目的。另一部晚期作品《列子》(約公元前300年，雖然聲稱成書更早些) 展示了可以從這個道教中得到的東西，其中充滿了魔法和奇跡的故事。最後，在大眾道教中，各種各樣的飲食、吐納、魔法和煉金術練習都很豐富。

有人通過吐納練習以誘發恍惚，飲食養生的觀念應運而生，而性行為則被認為是交感巫術，可以為人灌注力量。最重要的是煉金術，尋找改變物質元素的方法，希望找到長生不老的靈丹妙藥。這包括努力探尋黃金的**本質**，即將黃金內在的道與渣滓分開，從而獲得其存在於現實表面之下可以飲用的本質形式。為了同一目的，還有另一種煉金術：製造據稱能夠延年益壽的人造玉和朱砂，以將它們從自然狀態的抑制性「雜質」中釋放出來。從這裏到西方煉金術和早期化學等世俗目標 (例如從便宜的金屬生產黃金的努力) 並不遙遠。這就是為什麼中國對科學的親和力主要來自大眾道教。不崇尚科學完全符合儒家思想，儒家思想對道教的宗教「熱情」如此蔑視和恐懼，這種不解也是對科學的拖累。

文人避世的道家

關於煉金術等內容的著作能夠被寫下來，讓我們認識到大眾道教中存在著一個文人的鑲邊。但是，有一種更突出的組合，即

文人與道家對儒家價值觀的背離之間的聯繫：上層社會階層叛離儒家，與低層階級的叛亂在實質上有所不同，但同樣可以理解為在漢朝衰亡的過程中對儒家社會表面上的崩潰的回應。對於《周易》、《老子》和《莊子》的高度玄想性註釋構成了「玄學」的核心，其定位是「空虛」與「無」，而不是社會和政治思想。3世紀的主要思想運動與黃巾運動的調子截然不同，但它也是一種反儒家的道教（雖然名義上保留了孔子，一個最「不儒家」的孔子，作為超級聖人）。

130

　　這就是「清談」，一種對政治社會世界的悲觀和幻滅感的表達。享樂主義——對責任、儀式和儒家理智的懷疑——是運動的標誌。與「清談」關係最密切的群體是「竹林七賢」，在260年最為興盛，中國傳統對他們的評價有些矛盾。在某種程度上，「七賢」使得儒道在哲學的關聯得到接受，他們是儒家調和意義上理想的道家；但在某種程度上，他們也被誣衊為文化的敵人。

　　因為哲學上可以接受，他們構成了一個熟悉的藝術主題的一部分，在這裏，他們隨意地坐在竹林中，受到尊敬的賢人們或是下棋，或是寫詩，或是演奏和聆聽古琴，或是在飲酒，他們象徵著一個遠離社會關懷的世界。這表明了與道相諧的愉悅，通過將他們置於與儒家相適應的、哲學的道家背景中，也代表了後來儒家對這些人物的馴化。但是在他們自己的時代和不久之後，儒家的解釋也有所不同。留存至今的一封信中包括了一篇儒家對他們的激烈評論，七賢中的一位與推薦他作為自己接班人的高官斷絕了關係。那位賢人（也許是在掩飾更多的個人原因）宣稱他不能

允許自己加入庸俗的官員群體──更有甚者，他批評了商周的傳統開國君主，那些被儒家一直稱讚為後世楷模的有道明君。早期的「清談」創始人為這種對儒家社會的蔑視開創了先例，而後來的儒家則把他們作為過度的象徵而大加鞭撻。一位4世紀的學者將中國文明在漢以後的崩潰歸咎於他們，聲稱其罪行比儒家眼中兩個史上最大的惡人夏桀、商紂還要嚴重。想像一幅這樣的圖畫：中國的書生無法抵抗酒的誘惑而忘記為父母哀悼，並且赤身裸體（這些都是攻擊「清談」的儒家對它的指控），它生動地展示了儒家道德結構的崩潰。

當然，從把道德（由儒家建立的）作為歷史的督管的儒家觀點來看，這種文人對儒家思想的背離是中國社會失序的原因。從非道德的現代人的角度來看（如同中國起源的問題一樣，這個角度與儒家歷史思考不同），這種文人道教似乎不是失序的原因，更多的是對失序的反應。就像大眾的宗教道教一樣，當國家結構（一種儒家的結構），陷入衰敗時，它就是反對儒家思想的道教。當然，這裏不是農民宗教所體現的積極的社會反對；反對派現在不是逃離土地的農民，而是選擇放棄的知識分子，不是試圖改變現有的社會條件，而是逃避。在這兩個情況中，農民和文人對儒家社會崩潰的反應，都通過道家的詞匯反映出來，但道教本身卻隨其中所涉及的社會利益而變化。

因此，我們可以將道家和儒家思想視為象徵性的對立面和哲學上的相關體。因為一般而言，思想既是**有意義的**（significant，在抽象的哲學意義上擁有含義）又是**象徵性的**（symbolic，不同思

想的相互關聯，表現了各自持有不同思想的社會群體之間的關聯）。在中國歷史上，儒家信仰和對儒家文本的掌握不僅僅是孔子真正意義（即哲學上的）的真實或扭曲的表達，而且是社會地位的標誌和獲得社會權力的手段。作為儒家在哲學上的對手，道家（或後來的佛教）成為一種象徵，代表了對統治儒家政權的儒家具有社會敵意（social hostility），因而被採納（並被調整）。

　　這種社會敵意經常被證明是反叛性的，而不是革命性的；社會壓力經常變得無法忍受，但社會暴動並不是改變帝國官僚社會性質的手段。也許這種沒有革命視界的反叛視界，本身就象徵著儒家思想與道家（以及佛教）的矛盾關係：一種對抗關係，但卻是**可以平息的**對抗，帶著最終調和的可能性。儒家和道家（以及儒家和佛教）可以在士紳的信條中統一起來。而士紳，無論如何（有時候確實是）受到強烈要求獨立的道教或佛教傳人的威脅，無論在結構上如何改變，總是不斷重組更生，一直到現代。

132

在21世紀閱讀列文森：
跨時空的對話

葉文心 (Wen-Hsin Yeh)　　歐立德 (Mark C. Elliott)
董玥 (Madeleine Y. Dong)　黃樂嫣 (Gloria Davies)
齊慕實 (Timothy Cheek)　　白傑明 (Geremie R. Barmé)

　　在現代美國學界，列文森是中國研究領域開創時期關鍵性的學者。他為西方學者提供了綜合性的思想框架，幫助他們理解中國從傳統王朝到社會主義國家的歷史轉變過程。通過對中國思想家的細緻研讀，列文森為解讀中國從鴉片戰爭到中華人民共和國建立以及此後20年的歷史過程提供了一個有力的論述。許多近現代中國史中開創性的概念 —— 天下與國家、世界主義與民族主義、政治與文化、傳統與現代性、科學與儒學、經典主義與歷史主義 —— 都是列文森在1953至1969年之間逐一首先提出的。因此，列文森的著作名副其實當屬西方漢學經典之列。

　　一個以各種不同形式存在了兩千年的社會政治秩序究竟如何崩潰，它崩潰之後如何帶來諸多反覆迴響，這個歷史過程包含了許多重大的層面與問題，列文森對這些問題作出了徹底而深刻的分析。其中最值得關注的，或許就是中國在轉化為現代國家的同時，如何繼續維繫某種所謂具有「中國性」的特質。這種斷裂與傳承之間的張力，可以説是近現代世界的普遍現象，日本、俄

國、土耳其、印度等國家在近代史上都有過類似的經歷。然而對中國而言，現代性的困境又似乎特別棘手，這個困境激發了幾次主要的途徑探索，最終在中國共產黨勝利建國所提出的未來圖景中，似乎得到解決。這個解決之道，究竟如何形成，是不是歷史發展的必然結果，可以說是西方漢學家和社會科學家從1950年代開始爭論不休的課題。基於對歐洲歷史文化的深厚學養，列文森以自己獨特的論辯方法闡發出一系列針對這些難題的精彩分析，並開創了新的思路。他的思想和論辯方式，對當時初具雛形的中國研究領域形成強而有力的衝擊。

要踏進列文森獨一無二的思想境界，對初次接觸列文森作品的讀者來說，需要先做一些準備。我們希望以這篇文字簡單為大家介紹這位20世紀西方中國史學的開山人物，回答中文讀者或許想問的一些問題。列文森究竟是誰？他在學術上作出了什麼貢獻？列文森的著作如何幫助我們展開立足於21世紀的古與今、中與西之間的對話？以下的簡介，大致包含五個部分的內容：（一）列文森所生活的時代和他的個人背景；（二）列文森的主要論著及思想；（三）列文森的論辯風格；（四）列文森的影響和他的局限；（五）在21世紀閱讀列文森可以產生什麼樣的意義。

一、列文森的大時代

理解任何思想家，總需要首先瞭解他所處的歷史環境，才能弄清楚他為何會有話要說，而且為什麼是這個話題而不是那個。

我們要知道他從何而來，欲往何處去。用列文森的話來說，我們
應當儘可能去理解一個「思想之人」(men thinking) 的整體存在。
這一點對於理解列文森尤其重要，因為他所經歷的是巨變的年
代：經濟危機、第二次世界大戰、中華人民共和國建立、冷戰、
韓戰、麥卡錫主義、大躍進、越戰、文化大革命的發動，以及國
際學生示威運動。全世界的地緣政治、國家政治體系、社會組
織，以及信仰和文化無不經歷了根本的改變。這是人們必須對
根本性的大問題作出認真回答的年代。作為一個思想者、知識分
子、歷史學家，這些大事件不可能不在列文森身上留下深深的印
記，他成為中國歷史研究者的路徑在很大程度上也是這個特別的
歷史時期所塑造的。

　　列文森於 1920 年 6 月 10 日出生在波士頓的一個猶太人家
庭， 是家裏的獨子。 他的父親是 Max Lionel Levenson（1888–
1965），母親是 Eva Rosabel Richmond（1892–1969）。他的祖父母
John 和 Fannie 在俄國出生，1875 年結婚以後決定移民到美國。
John 在波士頓北邊的 Chelsea 鎮開了一家小商店。當時 Chelsea 是
一個正在發展的工業中心，有著大量來自意大利和東歐的移民
人口。1909 年 John 去世時，Chelsea 已經有一半的人口是猶太移
民。Max 在這個社區長大，二十多歲的時候搬到了河對岸的波士
頓市內，很快成為一位成功的律師。儘管列文森一家很好地融入
了美國生活（Max 是當地共濟會成員），猶太文化仍然居於他們家
庭生活的中心位置：列文森出生的 1920 年的人口普查顯示，列
文森家庭使用的主要語言是意第緒語，這或許是因為列文森的外

祖母出生在俄國，這時跟他們住在一起。這片區域因為大量東歐移民的到來獲得了新的生氣，而他們在波士頓所居住的 Roxbury 區毗鄰的地方被稱為「猶太村」(Jewville)。我們可以肯定地說，小時候的列文森對這片區域的情景、聲音、味道都極為熟悉，這些都深刻保留在他記憶中。[1]

列文森一生的定型期，9歲到19歲 (1929–1939)，正值美國的經濟大蕭條。他在11歲時考進了離家很近的波士頓拉丁學校。該校建立於1635年，是美國乃至美洲第一所公立學校，入學考試的門檻和學術要求都非常高，以嚴格的古典學術傳統聞名，每個學生都必須修滿四年的拉丁文。從拉丁學校畢業後，列文森於1937年進入哈佛大學，1941年以極優等的榮譽畢業，獲得學士學位。

在哈佛的這四年中，列文森第一次接觸到東亞歷史。1928年，哈佛燕京學社建立，意在將東方研究 (包括漢學) 發展成一門現代的學術領域。「博學、語言能力、批評的標準」是當時哈佛漢學對學生的關鍵學術訓練。[2]哈佛校長延請著名的法國漢學家伯希和 (Paul Pelliot) 來擔任哈佛燕京學社社長，最後由其弟子、

---

1 Marilynn S. Johnson, "Chelsea," Global Boston, accessed Apr. 28, 2023, https://globalboston.bc.edu/index.php/home/immigrant-places/chelsea/. Isaac M. Fein, *Boston—Where It All Began: An Historical Perspective of the Boston Jewish Community*, Boston: Boston Jewish Bicentennial Committee, 1976, p. 50.

2 John K. Fairbank, *Chinabound: A Fifty-Year Memoir*, New York: Harper & Row, 1982, p. 98.

俄裔日本學專家葉理綏 (Serge Elisséeff) 出任。同時，洪業 (洪煨蓮) 為學社奠定了書目文獻收藏的基礎。費正清於 1936 年成為哈佛歷史系的講師，次年 2 月登上講台。同年，賴世和 (Edwin Reischauer) 也加入了哈佛。[3] 列文森是最早受益於這些新發展的學生之一，也目睹了對於中國的不同研究方式的變化。費正清在查爾斯河畔的 Kirkland 宿舍 (哈佛的 12 所本科生宿舍之一) 當輔導員，列文森正是住在那裏，也是他課堂上的學生。列文森在本科修讀了歐洲歷史以及東亞歷史課，他寫的論文包括意大利史、日本史、美國史，以及宗教與資本主義的關係。1939 年的夏天，列文森去了當時在中國研究方面極負盛名的萊頓大學短期訪學。回到哈佛後，他完成了學士畢業論文〈查理十世的加冕禮〉("The Coronation of Charles X")。畢業後他用美國學術協會理事會 (American Council of Learned Societies) 提供的獎學金在康奈爾大學修了一個夏天的中文課，秋天又返回哈佛，成為歷史系的研究生。

列文森在第二次世界大戰的陰雲中進行了兩年的研究生院的學習，1941 年太平洋戰爭爆發，打斷了他的學習進程，但也使他與東亞有了更加直接和更有意義的接觸。日軍轟炸珍珠港 (1941 年 12 月 7 日) 後三個月，與美國很多青年人一樣，列文森入伍，開始了為時四年多的軍旅生活。他在美國西部的太平洋海軍日

3　Fairbank, *Chinabound*, pp. 145, 152.

語學校密集學習日語後，被派往太平洋島嶼、華盛頓特區以及日本。他主要是日語專業軍官，任務包括翻譯日文資料等，也與新西蘭軍隊和美國海軍一同參加了所羅門群島和菲律賓的戰役。[4] 戰爭結束後，1946 年 2 月列文森作為軍士長榮退，一個月後重返哈佛。當時哈佛大部分的中國歷史研究生跟列文森一樣，都參與了美軍在太平洋地區、中國、菲律賓，或對日佔領初期的行動；列文森之外還有幾位，比如史華慈（Benjamin Schwartz）、牟復禮（Frederick Mote）、馬里烏斯‧詹遜（Marius Jansen）和羅茲‧墨菲（Rhoads Murphey）。退伍後的列文森日文水平遠高於中文，因此他很看重日本的漢學傳統，這對其學術成長有重大的影響。1947 年獲得碩士學位後，列文森又用了兩年時間完成關於梁啟超的博士論文，於 1949 年 2 月獲得博士學位。畢業前一年，他被哈佛的研究員協會（Society of Fellows）接受為初級研究員（junior fellow）。這個難得的機會給了他三年的時間自由地做研究，與其他領域的學者頻繁來往無疑也有助於他思想的成熟。

完成了在哈佛的學習與研究後，列文森於 1951 年到加州大學伯克利分校歷史系任教，在此工作直到 1969 年去世。在這 18 年的時間裏，列文森所取得的成就為他贏得了伯克利的同事和中國研究領域的同仁無量的敬重。他於 1956 年成為副教授，1960 年晉升為正教授。1965 年，伯克利授予他 Sather 歷史講席教授的

4　Fairbank, *Chinabound*, pp. 145, 152.

榮譽。這是當時伯克利唯一一個非美國史的講席教授位置，競爭者主要是歐洲史的教授們。列文森能脫穎而出，成為 Sather 講席的第一位擁有者，足以證明他的獨特與傑出。二戰之後，歐美大多數學院把中國文化和歷史、語言的研究和教學編制在東亞系，是謂漢學。而列文森在伯克利不但得以擔任歷史學系的講座教授，而且在系裏把中國歷史推到與歐洲、美國歷史研究鼎足而三的地位。列文森使得歐洲史專家們關心中國，為中國歷史領域開拓一方天地，實屬難得。

如果我們回憶起列文森初到伯克利時校園的氛圍，他的成就便尤其令人矚目。當時麥卡錫主義在美國大學校園甚囂塵上，學術界中的政治化和意識形態的分歧非常激烈。加之美國社會裏相當普遍的反猶情緒，我們可以想像對於世界主義者、猶太人的列文森來說，應對這個挑戰有多麼艱難。彼得·諾維克（Peter Novick）在他《那高尚的夢想》（*That Noble Dream*）一書中這樣寫道：

> 1949 年，阿爾明·拉帕波特（Armin Rappaport）在加州大學伯克利分校的任命之所以受到阻礙，恰恰是因為約翰·D·希克斯（John D. Hicks）擔心拉帕波特「或許有一些紐約猶太知識分子中常見的極左傾向」。直到希克斯獲得保證，證明他並不反對美國的外交政策，此項任命才得以通過。在這同一所大學，第二年，桑塔格（Raymond Sontag，當時任歐洲外交史教授）擔心列文森是個馬克思主義者，這一擔心不解除，他就無法同意伯克利接受列文森。費正清向伯克利提供了保證：「列文森對政治

的思考傾向於折衷。他的出發點是思想性的和美學性的，他並
不特別關心政治。」[5]

桑塔格「對行政影響很大而且用起他的影響力毫不猶豫」。他認
為「共產黨統治著中國，而費正清的觀點不無可疑之處。我們應
該等到塵埃落定」，[6] 意思是不要給列文森這一職位。為了幫自己
這個學生拿到教職，費正清竟需寫 30 封信。最後，在中國古代
史教授賓板橋（Woodbridge Bingham）的堅強支持下，列文森的教
職終於獲得通過。

　　反猶主義是列文森生活中的一個現實。列文森是最早到伯克
利執教的猶太人之一。在他之前，唯一一位在伯克利歷史系執
教過的猶太人教授是恩斯特·康特洛維茨（Ernst Kantorowicz）。
1950 年，加州大學校董會強制所有教授簽署一份忠誠聲明，讓他
們保證不參加任何進行抗議性活動的政治組織——包括共產主
義組織。這位先前逃離了法西斯德國的著名學者拒絕簽署，以示

5　　Peter Novick, *That Noble Dream: The "Objectivity Question" and the American Historical Profession*, Cambridge: Cambridge University Press, 1988, p. 330. 中譯參考彼得·諾維克著，楊豫譯：《那高尚的夢想：「客觀性問題」與美國歷史學界》，北京：生活·讀書·新知三聯書店，2009，第 452 頁。詞句有改動。

6　　Kenneth M. Stampp, "Historian of Slavery, the Civil War, and Reconstruction, University of California, Berkeley, 1946–1983," an oral history conducted in 1996 by Ann Lage, Regional Oral History Office, The Bancroft Library, University of California, Berkeley, 1998, https://oac.cdlib.org/view?query=Joseph+Levenson&docId=kt258001zq&chunk.id=d0e5499&toc.depth=1&toc.id=0&brand=oac4&x=0&y=0.

抗議，加州大學因而沒有續簽他的合約。儘管當時存在著或明或暗的反猶傾向，當列文森開始在伯克利工作以後，卻很快得到同事們的接受，包括桑塔格也「認識到這個人的卓越才華」。列文森「如此有魅力，才華洋溢，有他所在是如此愉悦，他又是如此正直的一個人」，「他在與人交往時充滿魅力但又非常謙遜。他身上沒有一絲的傲慢，雖然他有所有的理由可以這樣，因為他毫無疑問是系裏最有才華的人」。[7]

不理解猶太身分對於他意味著什麼，便不可能理解列文森。對於列文森公開強調自己的猶太身分這一點，他同時代中國研究領域裏的很多同事有些手足無措。或許出於善意，有些人認為應該把作為中國歷史學家的列文森和作為猶太人的列文森區分開來。[8]在認為他的這兩個身分彼此交錯的人當中仍然有兩種不同的看法：有人認為他的個人身分妨礙了他的學術，因為這使得他不能以客觀的角度審視他的研究對象。另一些人則認為：作為一個猶太人，列文森尋求的現代的、世界主義的身分認同，對他的中國歷史研究有正面的影響。[9]談到這點，或許值得注意的是，

---

7   Ibid.

8   Rosemary Levenson, "Notes on 'The Choice of Jewish Identity'," ed., Maurice Meisner and Rhoads Murphey, *The Mozartian Historian: Essays on the Works of Joseph R. Levenson*, Berkeley: University of California Press, 1976, p.177.

9   關於列文森對猶太歷史的理解如何影響了他的中國史學觀，詳見 Madeleine Yue Dong and Ping Zhang, "Joseph Levenson and the Possibility for a Dialogic History," *Journal of Modern Chinese History*, vol. 8, no. 1 (2014), pp. 1–24。

從身分認同這個角度來看，列文森與他的老師費正清背景迥異。費氏的祖先早在 17 世紀已經從英國移民到馬州灣殖民區 (Province of Massachusetts Bay)，他的祖父在美國內戰中當過軍官，而列文森的祖輩在美國內戰結束後十年才從俄國移民來美國；雖然從哈佛畢業，但列文森並不屬於美國東部的精英階層，而是典型的外來人 (outsider)。

列文森與費正清背景的不同意義深遠。對自己身分認同的思考幫助列文森發展出他的史學方法論，這種方法論在他的著作中一以貫之。列文森的學生魏斐德為他的遺著《革命與世界主義》寫了一篇精闢的序言，在列文森對自己猶太身分的思考和他的中國歷史研究之間的關係這個問題上作出敏銳、細緻而深刻的解釋，既討論了這二者的交錯如何為列文森提供了獨特的、有效的視角，也討論了其局限性。列文森自己是清楚這局限性的，並且對其保持反思。他沒有把西方視角當作普世的，而是引入其他歷史的角度去審視中國與西方的關係，比如猶太史、日本史或俄國史。換言之，他對多個歷史進行比較觀察，而不是二選一。這使得他對中國歷史的觀點迥異於 50 年代到 60 年代那些建構在「西方衝擊與中國回應」模式上的歷史書寫。就像魏斐德常對伯克利歷史系同事說的那樣，列文森不搞政治，他思想的興奮點不在於冷戰政治的「誰丟失了中國」，他的同情也不在於「對中國進行衝擊」的西方。列文森的思想探索與「區域研究」的視角和方法有著根本的不同，遠遠超出甚至可以說在很大程度上有意識地挑戰了區域研究的框架。此外，他也沒有盲目地借用當時盛行的西方社會

理論。他的觀點是以中國為中心的，但是並不導向中國特殊論，也在根本上不同於漢學傳統或區域研究方式。下面我們會回到這一點。

　　在伯克利，列文森主要教授近代和現代中國歷史課程以及培養研究生。他的學生這樣回憶列文森：他「是一個極為優秀而引人入勝的演講者──思想豐富，有實質內容。內容組織得很好，闡釋透徹、清晰，簡潔明瞭。而且他謙虛、幽默」。他的課「在全校都極受推重」。[10]列文森在伯克利建立了新的中國歷史研究生項目。魏斐德是列文森的最早的研究生之一，於 1965 年獲得博士學位，並於同年留在伯克利任教。他們有著明確的想法，有意識地要建立一個與哈佛不同的中國歷史項目。他們不是把美國的利益、視角和外交政策放在研究與教學的中心位置，而是強調更廣泛的教育和比較的方法；把中國歷史看作世界歷史的一部分，而同時又不對它的獨特個性視而不見。他們將注意力放在中國歷史中的社會、文化和思想的發展上。這個意圖很清楚地表現在列文森和舒扶瀾合著的《詮釋中國史》中，〈序言〉中的一段這樣解釋道：

　　在一份為西方學生設計的歷史課教程裏，中國應該意味著什麼？以前的觀點看上去似乎是這樣：關於中國的知識有其價

10　Jerome A. Cohen, "Preparing for China at Berkeley: 1960–63," accessed Apr. 28, 2023, https://ieas.berkeley.edu/sites/default/files/ccs_history_cohen.pdf.

值，它明顯不是學生關注的重點，但具有異國風情的小刺激（exotic fillip）的價值。近來的看法似乎更有道理，其重點轉移到了中國是世界事務中的一個重要區域——人們尋求這個區域的知識，因為它在政治上對於西方人的命運很重要。

這兩個觀點看上去差別很大，但都是自我中心的，二者都是以中國研究（Chinese Studies）如何裝飾西方文化或如何影響西方的政治生存，來衡量這一領域的價值。中國歷史內在的思想旨趣通常被忽視。但是，中國，不論古代還是現代，都遠不止是異國風情，也遠不止是一個我們需要考慮的政治因素（雖然它確實是）；作為一個區域，中國歷史所提出的問題具有最廣泛的思想意義。如果我們真正言行一致，要去探知現代世界的所有面向，並且在道德上和思想上認識到歐美歷史並非人類歷史的全部，那麼就應該為了中國歷史所具有的普世意義去研究它，而不是僅僅因為它與我們所處的世界在政治上或文化上的需求相關聯。

於是我們抱著如下信念寫了這本書：中國歷史既非西方學生的知識花邊，也不僅僅是被現代世界不幸逐漸增加的複雜性強壓給合格公民的一門學科。相反，它真實地、有機地參與著現代知識的構成。中國的材料超越了區域的界限，屬於真正普世的認知世界。[11]

他們的這個意圖也反映在列文森指導的博士論文中。這些論文關注的問題包括：中醫在 20 世紀的變化所反映出的科學、

11　Joseph R. Levenson and Franz Schurmann, *China: An Interpretive History, From the Beginning to the Fall of Han*, Berkeley: University of California Press, 1969, pp. vii-viii .

民族主義和文化變遷中的張力，[12] 晚清的幕府制度，[13]「中國」在馬
克思、列寧和毛澤東的論述中所起到的作用，[14] 軍閥馮玉祥，[15] 國
共統一戰線中的敵友問題，[16] 19世紀末中國南方的社會失序，[17] 菲
律賓的華人。[18] 從這些論文的選題不難看出，它們並不是「衝擊—
回應」或區域研究模式的產物，而是漢學向中國研究轉化中的嘗
試。列文森用以下的例子解釋這二者的不同：

> 我不把中國看成供鑒賞家收藏的靜物畫，而是視之為在世界畫
> 布上作畫的行動畫家。這不僅是在漢學家們長期關注古代中
> 國之後給予現代中國它應得的關注。我在伯克利的同事薛愛華
> （Edward Schafer）為中國早期歷史寫出了非常豐富的著作——
> 《撒馬爾罕的金桃：唐代舶來品研究》和《朱雀：唐代的南方
> 意象》，他讓我們看到了新的做法。將中國視為異國情調（一
> 種將中國納入西方意識領域的舊方式）與思考中國的異國情調

---

12 Ralph Croizier, *Traditional Medicine in Modern China: Science, Nationalism, and the Tensions of Cultural Change*, Cambridge: Harvard University Press, 1968.

13 Kenneth Folsom, *Friends, Guests, and Colleagues: The Mu-fu System in the Late Ch'ing Period*, Berkeley: University of California Press, 1968.

14 Donald Lowe, *The Function of "China" in Marx, Lenin, and Mao*, Berkeley: University of California Press, 1966.

15 James Sheridan, *Chinese Warlord: The Career of Feng Yu-hsiang*, Stanford: Stanford University Press, 1966.

16 Lyman Van Slyke, *Enemies and Friends: The United Front in Chinese Communist History*, Stanford: Stanford University Press, 1967.

17 Frederic Wakeman, *Strangers at the Gate: Social Disorder in South China, 1839–1861*, Berkeley: University of California Press, 1966.

18 Edgar Wickberg, *The Chinese in Philippine Life, 1850–1898*, New Haven: Yale University Press, 1965.

（就和病症一樣，是一個普遍的主題），這二者之間存在著天壤之別。[19]

綜上所述，列文森是美國中國研究領域的奠基者之一。二戰以前在美國並不存在一個研究現代中國的傳統，雖然一些研究中國文化歷史等方面的學者已經開始在美國聚集。列文森的成就是現代中國研究在西方之誕生過程的一部分，而這個領域的面貌和圖譜今天仍然在被繪製著。

二、列文森的主要論著

上文已述及，列文森生活與工作的歷史環境是二戰後冷戰期間的 1950 年代和 1960 年代。這是一個美蘇兩大陣營競爭孰是孰非、都欲以自己的統治地位和冷戰政治建立一套歷史敘述的意識形態時刻。1950 年代前期，在朝鮮戰爭的氛圍之下，美國麥卡錫主義黑網密佈，動輒糾拿叛徒，處置間諜。猶太裔學者常常被質疑是否絕對奉行自由主義右派所界定的愛國條款，或因為信仰與忠誠問題而遭另眼相看。當時，美國每一個所謂「中國通」，包括列文森在內，都想要理解中國革命到底發生了什麼，世界如何到達這樣一個誰也沒有預料到的歷史轉折點：為什麼共產黨在國

19　Joseph R. Levenson, "The Genesis of *Confucian China and Its Modern Fate*," *The Historian's Workshop: Original Essays by Sixteen Historians*, ed. L. P. Curtis, Jr., Berkeley: University of California Press, 1970, p. 279.

共1940年代的戰爭中得到勝利？美國人以為二戰以後國民黨會成功地統一全國，而現實卻與預期相差千里。是否因為蔣介石周圍的美國顧問當中有人出賣了國民黨、出賣了美國的戰略利益？或者用當時華盛頓的方式來說，「誰丟失了中國？」列文森的興趣不在於政治、意識形態或軍事方面，而是在較長時段的歷史過程上。他想要理解的是共產主義如何滿足了中國對歷史理論的思想要求，這個理論需要回答的關鍵問題是：中國如何能夠在一個嶄新的世界裏重新居於中心地位。在冷戰的高峰時刻，列文森能夠保持一種對於共產主義革命的中立姿態，進行相對客觀的分析，相當不易。他通過「非冷戰」的中國歷史書寫提供了第一個綜合的解釋，來理解共產主義如何成為統治中國的力量。他關注的重點限於思想史和政治史，而非社會史；他所提供的答案建立在對文獻的認真解讀之上，同時也受到日本漢學研究的影響（特別在他分析清代所謂獨裁政治的問題時，這個影響尤為明顯）。

列文森的核心著作是我們在本文中反思的基礎，下面逐一簡要介紹。

《梁啟超與近代中國思想》（1953 年）

梁啟超（1873–1929）或許是晚清最著名的改革思想家。列文森所著的《梁啟超與近代中國思想》是一部在現代中國研究領域興起之初出版的開創性思想史。列文森對梁啟超思想的研究建立在閱讀中文原文的基礎上，但他所做的不是傳統漢學式的對文本問題的關注，而是從解決當代問題的角度提出社會科學家和比較

歷史學家更熟悉的問題，特別是現代中國以及中國的「現代思想」
在鴉片戰爭後的幾十年裏是如何出現的。列文森認為梁啟超思考
和寫作的主題是歷史與價值之間的張力。他所說的「歷史」是指
人們在情感和心理上對塑造了他們的傳統（或者說過去）的忠誠，
而「價值」是指人們在智識上所認可的思想。列文森通過審視梁
啟超一生的三個階段來追溯他的思想。首先，梁啟超通過在中國
哲學傳統中尋找西方思想的對等物來調和中國（歷史）和西方（價
值）之間的衝突。第二，梁啟超從保存文化轉向保存民族，並認
為必須借鑑其他時代和地區的成就。他通過打破以往對西方的單
一概念來做到這一點。藉由將思想的起源定位於個人天才而不
是文化發展，梁啟超可以使用這些思想而不暗示中國人不如西方
人，因為這些思想只是由於偶然的機會而非必然的力量才產生和
發展於中國之外。在梁啟超思想的第三階段，繼第一次世界大戰
證明了西方的錯誤之後，他又回到了文化主義，認為中國精神文
明優越於西方的物質主義。

　　列文森將梁啟超描述為一個思想沒有預先設限的人：「梁啟
超的思想是他的牢籠，其中有必然的前後矛盾，也有諸多相互抵
牾、他卻不得不認同的信念，不是出於邏輯連貫，而是出於個人
需要」。[20] 這確立了列文森在梁啟超的生活中看到的主要矛盾或
辯證法：

20　Joseph R. Levenson, *Liang Ch'i-ch'ao and the Mind of Modern China*, Cambridge:
　　Harvard University Press, 1953, p. vii.

每個人都對歷史有情感上的忠誠，對價值有智識上的忠誠，並且試圖要讓這些忠誠相互連貫一致。……一個感受到如此張力的人必然會尋求緩解的途徑，梁氏試圖壓制歷史和價值之間的衝突。他的方法是重新思考中國傳統，使得儒家思想——他自己所處社會的產物，因而是他所傾向的——能夠包容他在西方找到的價值。……即便在他承認很明顯是西方的成就時，也在試圖保護中國免受失敗的責咎。[21]

這本書是列文森《儒家中國及其現代命運》三部曲的直接前身，它描述的梁啟超的思想歷程是更大的思想轉變過程的一個縮影。在這個過程中，科學和現代政治獨立於儒家思想之外而具有說服力，這將儒家思想變成了傳統主義的實踐。他的三部曲從一個人的思考轉向一個思想的世界：他所說的「儒家中國」。

《儒家中國及其現代命運》第一卷《思想延續性問題》（1958 年）

在第一卷中，列文森講述了一段思想史：中國文人及其20世紀的後裔如何從儒家思想轉向現代思想。他將這種轉變描述為人們從依戀自己所接受的傳統和熟悉的情感轉到通過個人經驗得出公認的真理。二者的差別在於，前者賦予人們身分認同和自尊，後者則是在智識上（intellectually）令人信服；一個只是感情上的（sentimental），而另一個則具有內在的說服力。列文森沒有將此描述為一個中國特有的問題，而是認為這是所有人類社會都

21　Ibid., pp. 1–2.

會不時面臨的挑戰。因此，他的發現不僅是對該卷和三部曲的主
題 —— 現代中國的出現 —— 的解釋，也是對比較歷史或普遍的
人類歷史的一大貢獻。

在列文森的敘述中，經驗主義（empiricism）是與清代文人業
餘理想相抗衡的現代價值。他首先講到，通過漢學，清代產生了
本土的經驗主義傾向，但它最終不是現代經驗主義，而是試圖用
經驗的方法達到古代模式的標準。它所依賴的是一個假設：過
往的時代擁有全部合理的社會形態。[22] 這種業餘理想不包括自然
科學方法，這是科學在中國沒有得以發展的原因。[23] 他以明清文
人畫為例，說明它是如何意味著一個人因為非專業而被認為有學
養。鴉片戰爭後，當中國文人受到現代思想的衝擊時，他們的
第一反應是在面對「外部」威脅時收緊隊伍，擱置「內部」意識形
態的分歧。列文森在此提出了一個重要的觀點：作為價值檢驗的
「新舊」問題繼續被提出，但這個問題已從作為世界的中國轉移到
更大的、包括中國和西方的世界。列文森將通商口岸視為傳播西
方價值觀的工具。他指出儒家精英中的一些人認識到西方技術的
優越，而這種意識破壞了儒家內部的一種平衡。「本質」（體）和
「形式」（用）的關鍵辯證法原本是一個有生命力的、多面的、內

22　Jesoph R. Levenson, *Confucian China and Its Modern Fate: A Trilogy*, Berkeley:
　　University of California Press, 1968, vol. 1, p. 9.

23　Ibid., vol. 1, p. 13.

在於中國傳統的緊張關係，而此時面對強大的外來文化體系，它
卻成為一個不再具有動力的、局限於內部的傳統。[24]

　　列文森認為，上述轉變的結果是張之洞提出的一種站不住
腳的模式，即利用西方的「用」來應對歐洲和日本帝國主義的挑
戰，而「體」則可以保持中國化。列文森認為這是不可能的。在
他看來，這個思路的主要問題是要在「中國」和「西方」之間建立
「體／用」區隔所涉及的思想挑戰，因為它將中國從「世界」轉變
為「世界上的一個地方」，它在「特別的、中國獨有的」(specially
Chinese) 和「普遍有效的」(generally valid) 之間製造了區別。這個
過程對於像張之洞這樣提倡向西方學習的人和那些拒絕西方影響
的人來說都是一樣的，比如倭仁認為西方的一切都是中國人早已
經歷過且決定放棄的。[25] 有些人甚至試圖說科學是中國人以前發
現的。康有為也有類似的思想，聲稱儒家思想已經擁有西方的民
主價值觀。[26] 列文森看到的主要問題是：「主張現代化的老一輩
只是感到中國虛弱，而且這種虛弱只不過是相對於邪惡的西方勢
力而言。但是，一旦他們將『自強』也作為中國的理想之一——
據稱它對中國之『體』無害，所以可以被認為是『中國的』——那
麼如果這個『體』抑制了被設計來保護它的改革方案，『體』本身

24　Ibid., vol. 1, pp. 50–53.

25　Ibid., vol. 1, p. 70.

26　Ibid., vol. 1, pp. 76–77.

也會招致批評。」[27] 其相應的結果是中國社會失去了儒家所強調的「文化主義」，變成「民族主義」，從而將儒家降低為一個更大的世界中的特定部分。而這只有在儒家思想已經枯竭時才會發生。

列文森認為這是最主要的轉變：文人與儒家傳統的疏離。但在此之後，思想家們需要瞭解自己與中國的關係，因此需要作出選擇，或是（一）完全放棄中國的特殊性，或是（二）在普遍主義中為中國找到一席之地，通過添加中國文化讓西方部分地中國化。蔡元培嘗試了後一種途徑，但列文森認為這裏面有一個問題：「中國的西方化正在成為事實；歐洲的『漢化』卻毫無可能。」[28] 共產主義為這個兩難提供了一個解答：中國可以成為普遍文明的一部分，但又不喪失尊嚴。「共產主義的中國，似乎可以與俄國一起，成為引領世界的先鋒，而非跟在西方後面亦步亦趨。」[29]

《儒家中國及其現代命運》第二卷《君主制衰亡問題》（1964年）

在第二卷中，列文森提供了一部制度史來深化第一卷中的思想史。他討論了對君主的效忠的轉變，認為在儒家與君主的關係中存在一種對抗性的緊張關係；只有在受到國家解體的威脅時，儒家文人才會支持君主，但這種不加批判的忠誠摧毀了

27　Ibid., vol. 1, p. 80.

28　Ibid., vol. 1, p. 112.

29　Ibid., vol. 1, p. 134.

儒家的生命力。他認為，太平天國創造了召喚某種強調同一性的「中國」思想的特殊時刻，這種思想將會消除儒家思想中鬥爭性的生命力。他看到了官僚制（文）與君主制（武）之間的對立關係，而儒家之所以成為儒家，正是依賴於這種動態的對立。他用1916年袁世凱復辟帝制來說明君主制在民國時期是如何以及為什麼變成一場鬧劇。至此，復辟運動蛻化成只是「傳統主義的」（traditionalistic），因為雖然它違背了1912年建立的共和制度，但並不具備清朝時儒家的真正本質。[30] 列文森認為：「這句話中非傳統的地方在於將中國人的『尊君』等同於單純思想上的『崇古』。這有別於君主制仍然活生生存在的時代，那時候皇帝或其中央集權的代理人，往往與官僚士大夫的保守主義相對抗。」[31]

這就是傳統主義的相對主義：儒家思想已經從普遍性的（universal）轉變為地方性的（particular）：「作為『體』，儒學是文明的本質，是絕對的。而作為『國體』或其他與之意思相近的詞，儒學是中華文明的本質，歷史相對主義的世界中一個價值的複合體（而非絕對價值）。」[32] 他總結道：「儒家與君主之間有種既相互吸引又相互拒斥的曖昧關係，中國的國家衰落部分是因為失去這種曖昧關係。」[33] 這種「曖昧關係」曾經使得中國歷史充滿了活

30　Ibid., vol. 2, p. 5.
31　Ibid., vol. 2, p. 10.
32　Ibid., vol. 2, p. 14.
33　Ibid., vol. 2, p. 26.

力，列文森對其制度層面的歷史表現做了一些描述。儒家需要中央國家來維持秩序並維護他們的土地和權力、地位，但也被它的強權所挫敗；國家需要他們摧毀貴族，但也憎惡他們的道德干預。[34] 列文森認為異族統治者的「異」，同漢族君主與儒家的關係的疏離相比，只是程度的差異：「外來的征服民族及其首領也許內心完全無法在文化上理解和同情文人的理想。不過，在某種程度上，漢人王朝也都是如此。」[35] 對於列文森來說，儒家思想傾向於「內聖」，而統治者則推崇「外王」。[36] 其間的張力在列文森看來是儒家中國之生命力的關鍵。

列文森認為，太平天國因為完全拒絕儒家傳統而打破了儒家－君權的相互吸引－排斥的張力關係。其他叛亂，無論是通過道教還是佛教，都沒有從根本上用天命來挑戰帝制秩序，而太平天國則對「天」有著不同的概念。[37] 此外，太平天國的威脅代表著西方因素已經浸入中國思想，因為「太平天國人必須在國內受到鎮壓，這意味著在國際上西方國家不再是蠻夷」。[38] 太平天國的另一個後果是「面對共同的敵人，儒家和君主關係還在，卻失去了相互之間的張力；對二者共同的攻擊將其利益融為一體，並因

34　Ibid., vol. 2, p. 28.
35　Ibid., vol. 2, p. 32.
36　Ibid., vol. 2, p. 52.
37　Ibid., vol. 2, p. 85–88.
38　Ibid., vol. 2, p. 110.

而改變了它們的特性」。[39] 也就是說，在外來思想的威脅下，太平天國的敵人們創造了「中國人」這個範疇，使激發了儒家思想的那種張力被打破，導致其活力的衰減和其本應有的與君主制對抗的位置的喪失：「當作為整體的儒家成為『內』和『體』，也即『西學』應該補充的『中學』，舊的『內—外』張力就在儒家內部消失了。」[40] 因此，共和時代是一個真正的斷裂點，而不僅僅是王朝鬥爭的最後階段：「從革命向派系政治的迅速墮落使共和似乎毫無意義。但是對意義的期待儘管落空了，卻仍提供了意義。」[41] 儘管共和作為一種政治體制的實踐在 20 世紀初未獲成功，但它作為一個理念或理想卻深刻地植入了人們的思維，並保持了長久的影響力，直至今天。

《儒家中國及其現代命運》第三卷《歷史意義問題》(1965 年)

列文森在這一卷中轉向了這段歷史的意義問題，重點討論歷史意識的作用。他的目標是釐清儒家思想與當時 (1960 年代) 的共產主義中國的關係。有些學者認為儒家和共產主義具有相似之處，即存在一種中國本質 (費正清稱之為「專制傳統」)，而共產主義中國延續了這種本質。但列文森強烈反對這種觀點。他認為，現代性及其帶來的嶄新歷史思維方式從根本上改變了中國。

---

39   Ibid., vol. 2, p. 110.
40   Ibid., vol. 2, p. 114.
41   Ibid., vol. 2, p. 125.

　　他首先描述了這一過程的開始：康有為和廖平在19與20世紀之交將儒學從「典範」變為「預言」，這是對儒學的根本改變。康有為將孔子變成了革命者。[42]另一方面，廖平則認為孔子在《公羊傳》中以寓言的方式預言了現在。[43]但是在列文森看來，兩人都已經退讓給了西方的將歷史理解為「過程」的思想，這是一種與「真正的」儒家思想中作為永恆典範的歷史完全不同的歷史意識。[44]列文森隨後用井田制來描述從「典範」到「過程」的轉變。這是關於井田或經典是不是歷史的爭論，也可以說是將經典歷史化的開始。在此之前，沒有儒家否認井田制在某個時候曾經存在過；他們爭論的是這個制度是否可行。[45]然而，當井田制被用西方的思想體系來解釋時，它發生了變化。這個變化始於梁啟超聲稱井田是中國版的社會主義。[46]胡適用考證學來證明它根本不曾存在，[47]但是胡漢民以一種歷史唯物主義的形式，將其視為一個普遍歷史階段的存在和代表，即原始共產主義。[48]另外還有觀點從浪漫的民族主義出發，認為它是中國本質的一部分，或把它看作是人們應該嚮往的一種社會理想，是社會主義的。無論如何，

42　　Ibid., vol. 3, p. 10.

43　　Ibid., vol. 3, p. 11.

44　　Ibid., vol. 3, p. 14.

45　　Ibid., vol. 3, p. 22.

46　　Ibid., vol. 3, p. 26.

47　　Ibid., vol. 3, p. 28.

48　　Ibid., vol. 3, p. 30.

列文森認為，這些涉及井田制的辯論都應該算是現代思想的產物，與儒家思想的傳統思維迥然不同。[49]

列文森明確地反對現代中國政府繼承了儒家遺產的觀點。通過回顧中國共產黨的史學，他闡明中國共產黨看待歷史的方式與儒家截然不同：共產主義歷史學家是在努力將中國歷史嵌入馬克思主義史學的各個階段。「弔詭的是，他們通過分期將中國歷史與西方歷史等同起來，並因而否定中國具有任何高度個性化的特徵。與這一熱情相伴的是一種信念，也即所有的轉型本質上都是在中國內部發生的。」[50]這需要將封建制度植入中國歷史，認為在秦之前很長一段時間是貴族社會，秦之後是專制社會，但仍然是封建制度。[51]這意味著孔子可以得到平反：他在推動歷史的社會力量方面可以被稱為進步的，代表了封建主義反對奴隸社會；但是他也可以被看作反動的，代表了封建主義對資本主義的阻礙。[52]在列文森看來，這是儒家去牙化或博物館化的一部分 —— 它具有歷史相關性，但與今天的現實無關。[53]

在此，他的論點轉向理解現代歷史思維，認為將歷史理解為「過程」的方式具有相對論的色彩。這樣，歷史意識的問題就從他研究的對象 —— 中國思想家，延伸到他自己和我們 —— 現代

49　Ibid., vol. 3, p. 32.

50　Ibid., vol. 3, p. 48.

51　Ibid., vol. 3, p. 51.

52　Ibid., vol. 3, p. 67.

53　Ibid., vol. 3, p. 76.

歷史學家。他在此引用了尼采的觀點。尼采認為歷史學家如果把歷史看作是由不以人的意志為轉移的外力決定的、是一個過程，那麼對歷史人物的理解就可以具有幾分道德相對主義的色彩，可以保有疏離的空間。這跟從倫理價值出發的歷史思維是截然相反的。列文森試圖消除這種將歷史看作過程和價值之間的分裂的觀點，認為當我們將歷史視為過程時，我們仍然可以利用它來瞭解自己，並將歷史作為一種創造力來認識當前和當前的挑戰。對於列文森來説，歷史寫作這一創造性行為是從歷史中創造意義：「歷史學家的任務，也即他點石成金的機會，就是將那些似乎毫無價值的東西變為無價之寶。」[54]

問題是，分析1950、1960年代中國大陸的史學時，列文森辨識出一種讓他擔心的趨向。在他看來，馬克思主義中的歷史決定論雖然會解決這個分裂造成的困境，也為中國（及其史學家）提供了一個重新獲得在世界上的軸心位置和普世主義的可能，但同時也回到了另一種看似新的、但實質上跟儒家思想一樣是把歷史模式（pattern）而非歷史過程（process）放在第一位的做法。[55] 按照列文森的分析，這導致價值的絕對化，代價是將歷史扁平化，無視歷史的豐富性和複雜性，用一個單一的視角和框架去理解歷史。關鍵的是，列文森認為歷史的「歧義」（ambiguity），雖然不好處理（或因為不好處理），卻是很豐富的一種矛盾。他説：

54　Ibid., vol. 3, p. 90.
55　Ibid., vol. 3, p. 87.

「歷史意義」一詞的歧義是一種美德，而非缺陷。抵制分類學式
對準確的熱衷（拘泥字面意思的人〔literalist〕那種堅持一個詞只
能對應一個概念的局促態度），是對歷史學家思想和道德的雙
重要求。作為一個完整的人，他確實要滿足思想和道德的雙重
要求 —— 他必須知道自己站在流沙之上，但必須站穩腳跟。
而且，假如歷史（作為人類留下的痕跡）與歷史（作為人類書寫
的記錄）要逐漸靠近、相互呼應，那麼在「歷史意義」中隱含著
的張力，也即中立的分析和具有傾向性的（committed）評價之
間的緊張，也必須得到承認並保留下來。[56]

列文森的意思是，要認清楚歷史事實與歷史敘述的區別：歷史事
實是絕對的，而歷史敘述必然是相對的。他擔心馬列主義歷史思
維的一維化和絕對化取代歷史相對主義，會導致複製新的特殊性
敘述，變成一種並非把中國融匯於世界，而是把中國與世界隔離
的歷史。[57]

　　對列文森來說，為了創造一個真正的全球史 —— 為了創造
一個真正的全球性精神（a world spirit），避免回到清末那種死路，
書寫一種把中國融匯於世界的歷史是唯一的選擇：曾經妨礙了清
朝中國與世界秩序相協調的，是儒家思想留下的一種特殊論。與
列文森同時代的思想家熱衷於辯論的話題 ——「世界歷史的軸心
何在？」對於列文森來說毫無意義，甚至沒有道理，因為在他看
來歷史的軸心不外乎是全人類。他完全從另一個角度看問題，認

56　Ibid., vol. 3, p. 85.
57　Ibid., vol. 3, p. 106.

為現代中國歷史學家和西方歷史學家面對根本不同的挑戰。對於持現代歷史思維的中國歷史學家來說，主要挑戰在於調和其思維中的相對主義與中國自己眼中的從世界的中心地位跌落的歷史現實。對於研究中國的西方歷史學家，挑戰在於把中國歷史看作提供普世性的理解，而非僅僅用來比較，或對假想的規範性的西方歷史模式的脫離。不止於此，列文森另有更高的期待：對於任何研究中國的歷史學家，無論身在中國還是在西方，現代歷史思維中的相對主義提供了一個機會，去發現一種共享的歷史意識。在這個歷史意識中，中國和西方不僅是同等的，而且是不可分隔的：「他們的」歷史和「我們的」歷史是同一個歷史。[58]

《革命與世界主義：西方戲劇與中國歷史舞台》(1971年)

列文森完成了儒家中國三部曲後，想要超越「歷史和價值之間的辯證關係」，通過研究亞洲的經典以及西方戲劇的漢譯走向一個新的主題：地方主義和世界主義。[59] 在這本未完成的遺著中，他從世界歷史的角度審視了現代中國，去理解共產黨如何處理與西方世界主義的關係，並試圖將自己融入伴隨而來的以歐洲為中心的「世界歷史」中。魏斐德在為這部書撰寫的序言中指出，在某些方面，這是從列文森的第一個三部曲的自然過渡。在

---

58   Ibid., vol. 3, p. 123.

59   Frederic Wakeman, Jr., "Foreword," Joseph R. Levenson, *Revolution and Cosmopolitanism: The Western Stage and the Chinese Stages*, pp. ix–x.

前一個三部曲中，中國的世界性（普世的）文化因西方世界主義（cosmopolitanism）的興起而被變得地方化。在這部書中，列文森分析了 1950 年代中國的共產主義世界主義，以及它在 1960 年代特別是文化大革命期間發生了怎樣的變化。他希望理解「特殊性如何能夠與某種普遍的世界史相調和」。[60]

列文森在本書的開頭對世界主義和地方主義問題進行了更進一步的歷史處理，對於兩種「世界主義的錯置」（cosmopolitan displacement）擁有同情的理解：一種是儒家文人的世界主義發生了錯置──他們的世界變成了世界中的一個地方；另一種錯置則發生於 20 世紀中國知識分子身上，他們想要擁抱世界，卻同時遠離了歷史與現實，成為「無根的」世界主義者。從這種同情的理解可以看出，他對中國傳統社會遭遇現代歷史的暴力攻擊一直高度敏感，同時也認識到殖民主義的認知模式所具有的霸權特性。[61]列文森認為這種「無根的」世界主義與毛澤東以及與其類似的民族主義共產主義意識形態形成鮮明對比。[62]

在 1950 年代，中國共產黨對於出版過去的和翻譯世界其他地區的文學藝術作品，包括戲劇，持較為開放的態度，任何可以被成功論證為在其歷史背景下是進步的作品文本都得以出版，例如，與 1800 年代的進步資產階級相關，或帶有反貴族情緒，或

60　Ibid., p. xxviii.

61　Ibid., p. xi.

62　Levenson, *Revolution and Cosmopolitanism*, p. 5.

與當代左翼運動有關聯的作品。現實主義被視為卡洛·哥爾多尼
(Carlo Goldoni) 等人著作的一個重要特徵。[63] 有些人，比如莎士
比亞，成為可以爭論的對象，因為蘇聯人接受了他們。[64] 由於某
些形式的文化世界主義的階級基礎，它們可能符合中華人民共和
國的民族主義。正如民族資產階級受到與買辦不同的對待一樣，
這個新民主主義時期也接納中國共產主義可以認同的進步文學。
在這十年中，文學生產以這種方式得到很大的發展。這種1950
年代的新的世界主義最基本的表達是「在社會主義朋友之間締造
共同的紐帶」，但也是為了以各種方式展示新中國如何進步而將
世界文學納入中國。[65]

　　但是1950年代的共產主義世界主義顯然不同於儒家文人的
世界主義，因為中國不再是世界文化的中心。這一時期的中國世
界主義者被認為是世界性和普遍性文化的一部分，而在馬克思列
寧主義和國家社會主義的世界中，儒家思想和儒者被看作古舊的
和地方性的。列文森認為20世紀上半葉的世界主義知識分子與
他們自己的過去以及大部分中國社會是割裂的：「這確實使它們
脫離了農民」。列文森在這裏暗示，這是中共獲勝後毛澤東鎮壓
這種世界主義文化的原因：「不是因為背離了『前西方』的儒家規
範，而是因為他們不能滿足『後西方』的共產主義要求。」[66]

63　Ibid., p. 10.
64　Ibid., p. 13.
65　Ibid., pp. 6–7.
66　Ibid., pp. 3–5.

　　列文森認為這波翻譯外國戲劇的浪潮在 1957 年之後逐漸枯竭。[67]中國共產主義者認為儒家世界主義是剝削者的意識形態（並輸給了西方），而民國和新的人民共和國中的無根的世界主義者與他們自己的文化相疏離。「既是中國的又是新鮮的，而不是外國的抑或陳舊的：這就是共產主義的承諾。中國的民族主義，以其兩種親緣關係——政治上的自立和文化上的革命——必然會滲透到共產主義中，使中國煥然一新。」[68]在文化大革命中，中國希望通過將革命意識形態傳播到世界各地而將自己變成一支以它自己為中心的新的世界性力量。[69]「中國人通過在他們的國家建立一個無階級的社會，將在世界這個社會中構成一個階級，或一個階級的先鋒隊。」[70]

　　這是列文森在《儒家中國及其現代命運》中提出的論點：採用馬克思主義，中國可以重新宣稱它處於世界歷史的前沿。然而，對於列文森來說，文革試圖創造一種新的世界主義，最終卻有意地使用了一種地方主義。在 1960 年代，「舊的現實主義（『批判現實主義』）」僅僅因為以頹廢的方式描述「個體主觀狀態」而受到攻擊。[71]取而代之，文革宣揚了一種以身作則的英雄人物，而不僅僅是揭露封建或資產階級社會的醜惡。「文化大革命具有

67　Ibid., p. 19.

68　Ibid., p. 23.

69　Ibid., p. 25.

70　Ibid., p. 28.

71　Ibid., p. 45.

地方性的文化精神，而那些見多識廣的高人因為他們的文化而脫離了人民，由於他們與世界各國世界主義夥伴的『緣分』而脫離了民族。」[72] 共產黨人還是沒有把中國變成世界。

上述內容清楚地表明，列文森對現代中國學術的貢獻具有闡釋性質。他並不是一個發現了重要史實的歷史學家，也從來沒有機會參閱歷史檔案。這樣講並不是說列文森的學術在這方面有缺陷。歷史研究是一項多元化的事業：不同的歷史學家，研究同一組文獻，必然會識別出不同的意義模式，這取決於每個人的主題和跨學科興趣以及偏好的探究方式。遠在後現代主義之前，列文森已經看出歷史學家的任務不在「復原」。復原是不可能的。歷史學家的任務在於積極地重建和理解過去：通過個人的概念化、分析和敘述技能，揭示出獨特的「過去」，只能希望他的知識和想像力夠強、夠全面，可以造出新的、站得住腳的解釋。列文森試圖從歷史意義的「無」中找到對此時此地有意義的東西：「他的創造性使它在歷史上有意義，通過讓其接受評判，以他自己的創作行為確認它的意義，而不是把它歸於虛無。」[73]

儘管列文森的著作展示出他的斐然才華，我們仍然應該意識到他的著作是一位年輕學者在事業初期的創作；他仍然處在刻劃他的思想視野之輪廓與初稿的階段，從來沒有機會為他所提出的那些問題提供充分的答案。他的同事和學生只能獨自去思索這些

72　Ibid., p. 47.

73　Levenson, *Confucian China and Its Modern Fate*, vol. 3, p. 90.

問題，直至今天，學者們依然在為這些問題困惑。列文森如果再
有三四十年的時間，一定會作出更多的思考、修改和調整——
事實上，即使在我們看到的這些著作中，已經能夠看出他在不斷
調整視角，使自己的論述更加充盈——他會有機會與他的批評
者進行討論，參與到20世紀最後二十多年的各種思想轉變中。
他的觀點無疑會更為成熟，分析會更加銳利明晰，而另外一些分
析則會改變。因而，他留給我們的著作應該被看作是受到他所處
時代的思想與知識局限的、未完成的，而且永遠無法完成的。當
我們面對列文森時，我們來到的是一個不能關閉的場域，重新進
入一場從未終止的對話。

三、列氏風格

列文森獨特的行文風格使得他卓爾不群，給他相當複雜的思
想增加了一層豐富而令人愉悅的閱讀體驗。列文森被包括費正清
在內的很多人稱為「天才」，而跟許多天才一樣，他生前並沒有被
真正理解。這在當時是很多人共認的一個觀點：《列文森：莫扎
特式的史學家》的〈編者導言〉中寫道：「他的史學著述內容豐富、
意旨深遠，但尚未獲得充分的賞識，也未得到充分的理解。」[74]
其原因之一是，對讀者來說，閱讀列文森的文章是一種必得開動

74　Meisner and Murphey, ed., *The Mozartian Historian*, p. 1.

腦筋的挑戰。必須承認，閱讀列文森帶有它挑戰性的一面，需要我們放棄閱讀歷史的慣用方法。人們初次接觸列文森的著述時，往往感到興奮和震動，但也不乏詫異和困惑。一個常見的反應是：他的著作充滿精彩的論辯，但是也有很多地方不易理解。另一個反應是：這套獨特的話語從哪裏來？與我們今天熟悉的中國有什麼關係？這兩種反應都是可以理解的——列文森的著作1950年代問世時，西方讀者們最初的反應也是如此。

列氏風格具有幾個特色。首先是筆法。列文森的筆法以烘雲托月著稱，行文之際，中西古典詩歌、戲劇、音樂、繪畫信手拈來，揮灑自如，勾描意向充滿提示性。他把世界看成彩繪的畫作，把歷史看成時空裏不息的流變，因而打破了區域研究、文史分家、專業各有清規套語的格式。「跨學科」一詞在學術界尚未廣泛流行時，列文森已經展現出跨學科的精彩。列文森把思想者的活動放在多維度的社會經濟與制度體系之中進行考察，這是他承繼自韋伯 (Max Weber, 1864–1920) 社會學的一種史學實踐。他對19世紀歐洲大陸以及英國文史哲經典的熟稔閱讀，也讓他似乎在不經意之間就能夠展現出一種黑格爾式的大歷史筆法。揮灑之間，勾畫出一個歷史邏輯性極強的敘述與結論。閱讀這樣的文章對讀者有更高的期待，要求讀者擁有比較廣博的知識，方能與作者有效對話。對於今天的讀者來說，檢索列文森所用的詞匯、隱喻與其他資料變得容易得多，這個問題或許不再像以往那樣困難。

此外，他的寫作有一種獨特的推論方式以及開放式的論辯方法。他所使用的語句往往顛覆主語與賓語之間習見的關係，重新

分配形容詞跟副詞的位置，加之摘要去繁，以精湛的思辨建構出一個在現實之中意有所指，然而在抽象思維上又層次多重、發人深省的表述。他的敘述從來都不是帶有疏離感、從專業角度出發的直截了當的敘述。相反，他以一種後來的對話者的方式，以一種有節制的激情書寫他所研究的主題。他的風格是循環式的，富含禮儀感，浪漫，帶有感情的移入，個人化，充滿人文精神以及精湛的語言技巧。他想要創造的是一場不會事先排除任何可能性的、不斷讓人打開思路的對話。他所追求的不是一條直線式的正確答案，而是要保持創造性的張力；閱讀列文森就像是攀爬一條沒有扶手的對話的旋轉樓梯，在一個網絡上而非跟隨一條單線尋求意義與答案。他邀請讀者參與一個不斷質疑和挑戰的過程，不允許任何陳詞濫調藏身於思辨之中。這種閱讀體驗便常常不同於慣常學術文章的有熟悉的路徑可循。作為一個學者，對於列文森來說，方法 (method) 和過程 (process) 與答案 (answer) 一樣重要，甚至更為重要；他對於自己所遵循的方法總是保持著清晰的警惕與自覺。

列文森對語言的敏感和極大重視也表現在他非常注意閱讀行為中的潛聲，即文本在讀者腦海和內心引發的聲音。他在《儒家中國及其現代命運》第三卷中對「理論與歷史」的反思以下面這段話開頭，絕非偶然：

在普魯斯特的「序曲」(Overture) 和「貢布雷」(Combray) 中，片段的主題相互激蕩、交相輝映，匯聚成新的主題；最終一整個悠長樂曲從中盤旋而出，由各種豐富的旋律支持、表現，成就

了《在斯萬家那邊》和「追憶」的宏大主題。令人遺憾的是，那樣的音樂（或任何類似的東西）從對現代中國歷史的這一敘述中溜走了。但是，音樂的主題還存在於那已逝之物中，被期待著、談論著，等著人們（如讀者）去釋放。[75]

列文森顯然是不僅通過文字、而且用耳朵閱讀的，並希望他的文字反過來不僅被讀到，也能被聽到。他深恐他的敘述沒有「悠長樂曲」，但仍然提醒我們要聆聽「主題」，「等著……釋放」。然後，他沿著這些聽覺路線進行了詳細說明：

> 說話的語氣很重要，英文和中文皆然。我們可以把人類史冊中的某件事描述為在歷史上（真的）有意義，或者（僅僅）在歷史上有意義。區別在於，前者是經驗判斷，斷定它在當時富有成果，而後者是規範判斷，斷定它在當下貧乏無味。[76]

要辨別什麼是具有歷史意義的，我們必須傾聽記錄下來的過往與我們的心「交談」時的聲音。否則，我們的理解只能是抽象的和衍生的，只不過反映了我們所屬的那個時代的陳詞濫調。

為了強調語氣的重要性，列文森將「真的」（really）和「僅僅」（merely）放在括號內，暗示如果去掉這些括號內的詞，「在歷史上有意義」（historically significant）的這兩種表達之間的差異只能聽到，而不能看到。他補充說，由此產生的「『歷史意義』一詞的

---

75 Levenson, *Confucian China and Its Modern Fate*, vol. 3, p. 85.

76 Ibid.

歧義是一種美德，而非缺陷」。[77]列文森常用前現代概念和術語的意義變化，比如「德」(美德或美德的力量)和「天命」等，來詳細說明他所說的含義的模糊性。他寫道，雖然這些前現代詞匯在民國時代知識分子的現代話語中仍然流行，但它們不再具有權威性：正是歷史意識讓我們的耳朵能分辨出「『天命』的音色變化：從錢幣的叮叮，到喪鐘的噹噹。在時間之流中，詞語的意思不會固定不變」。[78]

列文森的行文略顯晦澀，彷彿要激怒讀者去記住生活現實與紙面上的文字之間的鴻溝。在他看來，歷史學家必須牢記這一鴻溝，這樣我們才不會將過去簡化為替我們所處的時空提供界限——修辭的界限，以及用來創造意義的界限。列文森如是言：

> 歸根結底，思想史只是人書寫的一種歷史，只是一種方法，一種進入的途徑，而非終點。在客觀存在的世界中(out there)，在由人創造的歷史中，思想、社會、政治、經濟、文化等諸多線索交織成一張不可割裂的網。在專門研究中，我們打破了自然狀態的一體性，但最終目的是為了以可理解的方式將整體復原。[79]

列文森的措辭有時可能會讓21世紀的讀者覺得與我們當今對性別包容性的敏感和對一概而論的厭惡不符。然而，列文森將歷史

77　Ibid.
78　Ibid., vol. 3, pp. 86–87.
79　Ibid., vol. 1, p. xi.

視作一張我們發現自己身陷其中的網，如果我們試圖去理解他，
會發現這一意識是正確的，且仍然具有相關性。

四、時代中的列文森及其影響

上文已經介紹了列文森作為思想家和歷史學家的背景與成
長，解釋了他所思考的問題，描述了他獨特的思維方式和書寫風
格。現在讓我們更廣泛地考慮他的學術遺產，包括同時代的漢學
界及史學界對他的評價，其他學者如何研討他的著作，以及他的
論斷促發了怎樣的新研究。

自列文森的著作出版以來，中國研究學界反應不一，有很多
讚譽，亦不乏質疑的聲音，連他的師友學生們在《列文森：莫扎
特式的史學家》一書中對其史學的不完善也並不諱言。這些質疑
部分源於列文森觀點之獨特及其研究本身的局限，或他研究的範
圍之宏闊令當時許多學者不適，也部分源於評論者的視角。列文
森所著眼的，在空間上是橫向的銜接，在時間上是縱向的斷裂與
延續的交錯。他把天下、國家、認同、疏離、忠誠等議題一方面
看成近代中國知識人經歷上的突出命題，一方面也看成經受了現
代文明轉型的社會中知識承載者共同的體驗。在這種大跨度的框
架下，他下了不少宏大的結論。但前文已經提到，史料的收集不
是他的志趣與長項。列文森對儒家傳承多元體系的內涵也並沒
有下過太多工夫，他的詮釋理論對漢語原典文本極具選擇性，這
些都成為中國研究學界批評的重點。老一輩的代表人物恒慕義

(Arthur W. Hummel) 根本不認同列文森，甚至不願意承認《梁啟超與近代中國思想》是歷史著作。[80]

列文森的《儒家中國及其現代命運》三部曲，從構思到出版，是1950年代的產物。當時人民共和國成立還不到十年。解釋共產黨何以在國共1940年代的戰爭中取得勝利，是一個政治性很強的當代話題。前文提到，當時美國的社會環境絕不寬鬆，猶太裔學者更是遭另眼相看。列文森並沒有頌揚中國共產黨，但是他也沒有把共產黨的建國簡單地看成是國際共產主義的陰謀與顛覆，而是將之作為一個過程，置於更廣闊的歷史時空裏加以思考。他把帝制結束之後的儒家思想看成失去體制、無所附著的遊魂，把人民共和國的建立與共產主義在中國的勝利看作長期歷史演繹、內緣蛻化不得不然的結果。這樣的立場在50、60年代的北美漢學界自然不會人人讚賞。華裔的名師碩儒或學術新秀，比如趙元任、蕭公權、房兆楹、瞿同祖、楊聯陞、張仲禮、劉廣京等，好像與列文森沒有多少來往。他們在1940年代中或1949年之後離開大陸，雖然身在海外，但是心存故土，把懷抱寄託在對中華民族文化的想像。在他們看來，盛年的列文森尚未進入中國經史的殿堂，就斷然宣佈儒家傳承已經破產，不免顯得既主觀又輕率。另外，列文森不把共產主義看成外來植入的異株，反而從

80　見恒慕義的書評：Arthur W. Hummel, "Liang Ch'i-ch'ao and the Mind of Modern China, by Joseph R. Levenson," *The Far Eastern Quarterly*, vol. 14, no. 1 (1954), pp. 110–112。

社會心理學角度將之詮釋成儒家傳承在思想情感功能上的替代。這些結論，都讓他跟同時代從事中國研究的學者中傾向反共自由主義的陣營產生分殊。

無論如何，對列文森觀點的爭論引爆了北美中國學界在相關問題上的批判或商榷性的研究。列文森以梁啟超為基礎，把儒家傳承等同於帝王主導的天下觀與天命論，把科舉制度看成意識形態的檢測，大膽地引進正在形成中的歷史心理學，認定晚清以後的中國制度與文化缺乏內源再生的能力。列文森仍然在世的時候，這些論點已經促使青年學者從各方面開展研究，展現儒家文化在中國的豐富多元內涵，及其在官場之外、社會民間或家族村落之中的規範作用。學者們結合思想、制度、社會、文化史，探究儒家倫理的宗教性以及心性層面、儒家思想在商人倫理中的作用、地方世家與書院的治學體系、科舉考試中的實學成分、地方士紳以及家族在公眾領域中的禮教實踐。這些研究全面地擴大了對傳統知識、「入世修行」、「克己復禮」等倫理人文的理解。

1970年代以來，隨著社會史和文化史的勃興，西方學者陸續解構了「儒家中國」的概念，勾畫了「三教合一」的思想脈絡，凸顯了晚明的儒僧、僧道、寺廟、戲劇、繪畫，指出官訂的儒家教條在民間通俗文化以及地方精英階層中的輻射力度是有限的。20世紀晚期和21世紀初期，學者們更撇開對思想內涵門派的辯論，重新評價科舉對於清代思想發展的影響，探討明清王朝在近代早期歐亞火藥帝國體系中的位置以及與全球經濟、科技、文化的流通，開展對於思想究竟如何轉型的研究。他們討論書籍的生

產流播與閱讀、新知識體系的具體建構與傳遞、語言文字表述體系的重新認定、古文詩詞文學與國學內涵的重塑、知識人社會身分的形成、信息體系在近現代的轉型、廣義的「經世之學」在20世紀如何致用與實踐，以及在科舉制度之外，中國實用知識體系如何形成專業制度、建立實踐基礎。這些研究，主要針對明清以及民國，都發展於列文森過世之後，遠遠超出了他的三部曲的視野。這些研究成果綜合起來，不但重新界定何為儒學、何為轉型中的文化中國，並且重新思考近代知識、人文與轉型社會國家之間的關係，重新認識在走進世界、走向科技現代之後，中國近現代思想文化如何形成脈絡。在相當程度上，西方明清及民國史學的這些進展是列文森當初提供的刺激的長期結果。對近現代中國的理解總是以這樣或那樣的方式延續著列文森關心的問題，而且以各種方式回到列文森，即使人們有時並不直接在文本上與他進行對話。

從另外一面講，我們也需澄清，列文森辯證性極強的歷史心理分析，雖然極為有助釐清晚期以來中國思想界的取捨動態，但是很難把他這種別致的方法傳給學生。在某種意義上，這個著重情感張力的分析似乎也沒有為近代中國思想史勾畫出一個多元並進的發展軌跡。然而正因為他的《梁啟超》與《儒家中國》並不依傍他對一兩個學人或學派在文本生產上的描述，反而更有啟發作用。

讓我們以他和後來者對梁啟超的研究為例。列文森出生的時候梁啟超仍然在世。在列文森生活的半個世紀中，中國處在不斷的分裂、戰亂、持續鬥爭、持續困乏、在國際上逐漸孤立的狀況

中。列文森同輩以及稍後的學者們中，不少人同樣關切1949年所標誌的歷史性開創與結束，同樣關懷其中所蘊含的古與今、中與西、必然與偶然、邏輯與人為的對立與結合關係，想要理解1949年後最迫切的問題：「到底發生了什麼？」[81] 與列文森不同，其他研究者仔細閱讀梁啟超的事跡與著作，認真考辨梁啟超的文本闡述與思想內涵；他們並不把梁啟超個人的經歷擴大，看成一種具有典型性的中國知識心路歷程。列文森所關切的是他平生如何遊走四方，如何一變、再變、而又變，如何在行旅之中出入一己的外視與內省。他所勾畫的是一代思想者在面臨時空秩序斷裂與重組時候的彷徨、焦慮、自省與追尋。他認定每當文明急劇轉型，轉型時代的知識承載者就無法像過往一般地依循規矩方圓，四平八穩。轉型時期的失態與脫格是常態。這個時期的不改平常反而是無感與脫序。列文森把現代性帶進中國近現代史的視野，把改造創新與失衡失語看作一體的兩面，把幸福與災禍看成緊鄰。「禍兮福所倚，福兮禍所伏」，中國思想界對這個正反兩面交織並存的辯證式思維並不陌生。列文森不但把這個概念帶進歷史研究的視野，並且透過人物傳記，具體呈現了近代巨變時刻歷史人物身處其中，在時間上所經歷的急迫感以及在空間上所經歷的壓縮感。其他學者很難趕上列文森走的這條纏繞崎嶇的路，或許並不奇怪。

81　Levenson, *Confucian China and Its Modern Fate*, vol. 3, p. 118.

　　列文森另一個引發辯難的，是他跟同時代不少英美學者共同持有的一個預設，就是把科學理性主義與工業科技文明看作近代西方文明的標誌，把科技看成橫掃天下的普世實踐。在這個框架中，他把鴉片戰爭看成一個現代文明與一個前現代帝國的總體衝突。這個觀點，沿承自他的老師費正清，也反映出大多數中國史學家們的基本姿態（費正清畢竟師從清華大學歷史學系的蔣廷黻），到目前為止仍然如此。他雖然大力指出西方文明不足以作為完整的世界性知識，但是他對文明體系的表述，不經意之間展現了 19 世紀文明等差時空階段性的分殊。列文森對啟蒙運動的無條件欽佩可能會讓生活在後現代主義時代的我們覺得老派，而他引用未翻譯的法語和德語的參考資料可能顯得自負或歐洲中心。

　　此外，我們也很難支持列文森關於中國歷史的一些籠統的概括，例如關於晚期帝國思想潮流（我們甚至已經不再使用「儒家」一詞）或滿洲人的漢化和最終「消失」（我們現在知道這沒有發生），或者同意他的一些更激進的立場，例如聲稱宦官和滿洲人在明清背景下「起到了相似的作用」。[82] 我們拒絕列文森的一些論點是非常自然的：鑑於世界各地的學者在這些問題和其他問題上已經付出了三代人的努力，我們的知識在許多領域都有了進步。從 1970 年代開始，大量新資料（尤其是檔案材料）的出現，以及

82　Ibid., vol. 2, pp. 45–46.

新方法（包括那些依靠大數據和地方田野調查的方法）的出現，意味著我們對中國近現代歷史的理解比當時更加細緻和全面。我們可以說，列文森在寫「儒家中國」時所看到的，在很大程度上實際上是「晚期帝制中國」，更準確地說是「清代中國」。如果列文森還活著，他本人很可能會參與其中的一些發展，並且非常有可能改變自己的想法，就像他的老師費正清在他的整個職業生涯中不斷改變自己對事物的看法。

五、在21世紀閱讀列文森

自列文森去世以來，中國、西方、全世界都發生了巨大的變化。在這個新的歷史時刻，是否仍然值得我們花時間去讀（或重讀）列文森精妙的文章呢？上文已經表明，我們相信答案是肯定的。列文森提出的問題——調和民族主義和文化主義，將中國置於世界歷史的潮流中，以及歷史和政治中的連續性和斷裂性的一般問題——仍然沒有得到解決，而且在今天也許比在列文森的時代更加緊迫。在對這一問題的討論中，歷史和歷史學家的重要性也沒有改變。事實上，鑑於21世紀初的「中國崛起」，它們的重要性甚至可能更加突出。「中國故事」（複數形式）的宏大敘述試圖框定世界如何解釋中國重返全球權力的方式，且在今天變得越來越重要、越來越有影響力。

「在很大程度上，近現代中國思想史是使『天下』成為『國家』的過程」，1958 年列文森這樣寫道。[83] 按照他的解釋，這是一種極為艱困的過程，其中充滿彼此相互衝突的對立元素：普世和特殊，絕對和相對，文化和政治。在從文化主義到民族主義的轉變中，我們能夠追溯到中國如何從一個「自成一體的世界」轉化為「在世界裏的中國」。總而言之，列文森對這段歷史的結論是：共產主義的到來為中國人提供了另一個概括全世界的體系，它能提供一個既是「現代的」，又是「中國的」未來。他説：「共產主義者尋求找到一種綜合，以代替被拋棄的儒家觀念和與之相對立的西方觀念。」[84] 列文森 (也有其他人) 在冷戰膠著時寫的文章所預測的結果是，一個普世的革命理念會成為現實存在，並得以不斷完善，為中國的精英們源源不絕地提供必要的思想、政治和歷史解決的資源與方案，以應對中國在一個徹底改變了的世界裏所面臨的生存威脅：「在今日中國之道中，唯一可能具有普世性的是革命的模式，那是政治與經濟的模式。而在文化上 —— 指具體的、歷史上的中國文化 —— 毛澤東沒有什麼可以貢獻給世界的。昔日中國聲稱垂範於世，因他人皆異於華夏，故遜於華夏。新中國也自稱堪為他國楷模，因受難的共同經歷與命運而與他國引為同道，於是中國式的解放也理當滿足其他國家的需要。」[85]

83　Ibid., vol. 1, p. 103.

84　Ibid., vol. 1, p. 141.

85　Ibid., vol. 1, p. xvii.

　　這些冷戰早期的預見在後來的現實發展中並沒有應驗。六十多年後，今天「中國模式」所建構的中國軟實力，所依傍的是中國經濟崛起的成績，而不是「無產階級革命」的成果。但在意識形態上，許多海內外學者認為，我們今天所看到的中國站在越來越狹窄和脆弱的思想基礎上，除了民族主義之外，缺乏任何「超驗的合法性」（transcendent legitimacy）。今天中國的民族國家，在經歷了許多動盪之後，似乎複製了西方的國家模式和功能。但是黨內外的思想家仍在繼續尋找一種綜合的模式，在建構一個強大、富裕、現代、在世界上舉足輕重的中國的同時，中國的理論工作者仍然在尋找一種既可普遍應用、又能被一眼識別出具有「中國特色」的模式；傳統中國的歷史也因此獲得了新的重要性。諸如「盛世」、「復興」、「大一統」等經典表達方式在政治和流行話語中的復甦表明，在實現這個綜合的模式上缺乏新的思路。這種措詞中的轉變，以及對「自古以來五千年歷史」的迷戀，標誌著理論工作向傳統主義思維的回歸，以列文森的話來說，這正是「回歸之路亦是出發之路」的體現。

　　這種回歸在20世紀的大部分時間裏都顯得不合時宜，而在列文森寫作的20世紀中葉，因為「解放」還很新鮮，則幾乎是不可想像的。然而，毫無疑問，在21世紀它已經發展到在意識形態中佔據了重要位置。讓我們再次引用《儒家中國及其現代命運》三部曲第一卷的內容：

頑固的傳統主義者似乎已不是單純在智性上信奉那些恰好是中
國歷史產物的令人信服的觀念，而成了只因所討論的觀念是從
中國過去傳承下來的，就有決心去信奉、有情感需求去體會智
性上的強迫感 (compulsion) 的中國人。當人們接受儒家傳統主
義不是出於對其普遍正確性的信心，而是出於某種傳統主義的
強迫感去公開承認這種信心時，儒家就從首要的、哲學意義上
的效忠對象 (commitment)，轉變為次要的、浪漫派意義上的效
忠對象，而傳統主義也從哲學原則變成了心理工具。[86]

列文森認為這種思維所提供的主要是心理安慰，而非令人信服的
哲學論證。當然，思想的軌跡即使來自傳統主義的陳舊體系，也
不一定缺乏魅力或感染力。這種種現象表明，列文森所提出的兩
個結構性的問題仍然是我們今天理解中國的關鍵：意識形態或文
明建構與國家之間的關係，以及在國家建設 (nation-making) 這個
從天下到國家的過程中，中國位於何處？正在朝什麼方向發展？

　　列文森的中心論題常常也正是近年引起國內學界最大關注的
問題，比如「何為中國」。今天的中國究竟是一個政治共同體還
是文化共同體？現代中國人的認同基礎是什麼？「中國」是一個
自然的存在還是一個需要不斷建構的機體？源於西方的一些基本
概念，比如「帝國」、「民族國家」、「主權」等，能否用來分析中
國歷史？現代中國的思想源泉來自何處？中國與西方是否完全不
存在可比性？列文森在晚清民國歷史中所看到的自相矛盾，21 世

86　Ibid., vol. 1, pp. xxix–xxx.

紀的今天同樣仍然存在。他在《儒家中國》第三卷中指出1950年代的史學家們一方面通過分期將中國歷史與西方歷史等同起來，同時又堅持認為所有過渡本質上都是中國內源變動的產物。[87] 今天「中國模式」的世界意義和中國「國情」的特色同時受到強調，我們在其中還是能夠看到同樣的矛盾。中國被看作是一種單一、隔絕、自我參照、自我封閉的政治思想體系；其「國情」比其他國家的「特殊情況」更特殊，因而是「獨一無二的」。根據這個「中國特殊性」的邏輯，中國不受一般歷史規律的制約，也無法與全球規範做比較。

同樣的現象也可見於大家對今天中國社會的「價值真空」問題的關注。列文森認為，清朝之後的儒家是思想失去了制度的基礎（君主制）；與此相反，改革開放以來我們所看到的是一個制度（黨國）失去了思想的基礎（毛澤東思想）。從這種類比我們可以學到很重要的教訓。列文森認為，儒家思想失去了其制度基礎就無法生存，必然會消失，只會剩下殘損的碎片，成為「舊建築物的殘磚斷瓦」。[88] 但在這一點上他似乎錯了：儘管有核心變化，儒家思想依然生存下來（或者說，各種自稱是儒家的思想潮流經久不衰），而且即使它今天沒有帝制時代的那種力量，也竟然再次產生一種出乎列文森想像之外的能量。同樣，我們不能認為，只因為一般人對毛澤東思想早已不感興趣或不再相信，甚至

87　Ibid., vol. 3, p. 48.
88　Ibid., vol. 3, p. 113.

輕視毛澤東本人，就表明毛澤東時代的思想或習慣的全部特徵都隨著毛的去世而徹底消失：從1950、1960年代以來形成的革命傳統，也蛻化成另一種傳統主義。但是，這些思想和與之共生的思維慣性能否支撐當今中國新的夢想呢？列文森讓我們清楚地看到，一旦一個事物或思想被發明出來，它便不會徹底消失，而往往以變化了的形式在某個時刻復現。這個問題，即思想體系半衰期問題，提醒我們在思考當前中國所面臨的挑戰與話語抉擇時，要像列文森一樣，考慮話語形態應付的是何種問題、所給出的是何種答案、所否定的又是何種方案。新一代讀者在關注列文森著作時，應能不僅關注歷史學問題和方法，也能參照他的提問線索來理解目前意識形態的語境和我們自己在其中的位置。

20世紀以來中國持續現代化。進入21世紀，現代化取得正當性，步伐只有加快，沒有放緩，哲人能者認識到居安必須思危。列文森當年所提出的議題與解析的方式，不僅著眼在現代性外發的體現，並且打開了思維世界內省的視野，關注到世代交替之際的傳承斷裂和話語重構，以及現代人情感與知識資源上所經受的挑戰。就這個意義來看，列文森的史學關懷與方法，超越了對21世紀上半葉中國近現代史的解析，持續具有廣泛的闡釋力與開創性。從宏觀歷史層面來說，即使列文森有所誤判，也還能為我們提供一個有意義的視角，借以審視當前的中國。

最重要的是，儘管文化體驗和表達方式上的差異可能會妨礙人們立即實現相互理解，但列文森的世界主義、對人類智慧和人文價值觀的普遍性的信念依然很吸引人；這無疑是列文森對一種

全面、全球性地觀照中國歷史的方法最有意義的貢獻之一。它既
反駁了西方對於自己的觀點的普遍主義假設，也挑戰了中國的例
外主義假設。要把中國歷史寫成世界歷史的一部分，不等於說史
學家必得找一大堆直接類比說明中國的歷史發展跟外國史一模一
樣，但同時也不等於說中國的歷史發展跟與外國史不可比、無法
比。在這些不相容的極端之外，必有許多中間道路可以選擇。與
此同時，列文森對於歷史書寫持肯定態度，把歷史性的責任放在
歷史學家的手裏。天下體系的崩潰有其悲劇的一面，但作為一個
樂觀主義者，列文森想說服所有關心中國歷史的人士，這是歷史
工作者參與到把中國史編入普世、全球歷史這一事業中的一個的
機會。把中國歷史經驗再次整合於新的世界思想體系中，這是列
文森才情所至、無所畏懼的一個表現，也是他作為一位開放的思
想家、一位真正人文主義信徒的理想和目標。他在《儒家中國及
其現代命運》三部曲的第二卷裏這樣講道：

> 某種真的可被稱為「世界歷史」的東西正在浮現，它不只是各種
> 相互分離的文明的總和。研究中國的歷史學家在書寫過去時，
> 可以有助於創造這種世界歷史。歷史學家若遠離了任何事實上
> 和想像中的文化「侵略」和文化辯護，就能通過將中國帶入普遍
> 的話語世界 (universal world of discourse)，幫助世界在不止於技
> 術的層面上統一起來。絕不應該去製造大雜燴，也不應該歪曲
> 中國歷史去適應某種西方模式。相反，當對中國歷史的理解不
> 傷害其完整性和獨特性，而且這種理解和對西方歷史的理解相
> 互補充的時候，才會造就一個「世界」……

　　……研究中國歷史應該不僅僅是因為其異國情調，或者對西方戰略的重要性，研究它是因為我們試圖用來理解西方的那個話語世界，也可以用來理解中國，而不必強求二者有相同的模式。如果我們能這樣去理解中國和西方，也許我們就能有助於造就這樣一個共同的世界。書寫歷史的行動本身即是一種歷史行動。[89]

　　列文森是一個充滿個性與智識上的魅力的人；他去世後，朋友們記得他「謙遜的魅力和愉快的自嘲故事」。[90] 作為一個在盎格魯－撒克遜世界找到了一種生活方式卻又同時保持了自己的身分的猶太人，列文森本人是一個非常國際化的人，並期待或至少希望看到中國也能夠以自己的方式進入（或重新進入）世界。列文森對我們當前思考中國的努力 ── 其統一但不乏矛盾衝突的政治，多元化的社會以及經久不衰、代代有變的各種文化傳統 ── 所做的貢獻遠不止「……及其現代命運」這個時髦的比喻。列文森以其獨特的風格對思考歷史大問題所展現的雄心令人驚嘆。半個世紀過去了，列文森當年對問題的提法仍然得到關注，這個意義比他所給出的答案更能啟發思路。儘管他關於從天下到國家的轉變以及儒家思想與現代生活不相容的答案在今天可能無法說服我們（這些觀點在當時也並沒有說服所有人），但他的觀點對我們提出了挑戰，促使我們提出具有相似的格局和意義的替代答案。

89　Ibid., vol. 2, pp. viii–ix.

90　Cohen, "Preparing for China at Berkeley: 1960–63."

　　在過去一百年用英語寫作的現代中國歷史學家中，約瑟夫·列文森很可能是最具想像力的。對那些改變了千百萬中國人如何看待自己在世界中的位置的歷史性轉變所帶來的重大問題，他的看法繼續為所有關心這些問題的人提供著靈感。長久以來，中國讀者基本上無法接觸到他的著作全貌，這讓我們這些幾十年來一次又一次地向他的洞見尋求指導的人感到非常遺憾。我們希望在這裏提供的關於他的生平和思想的介紹將鼓勵中文學術界的同事們，以列文森本人在短暫學術生命中既嚴肅又興趣盎然的精神來參與他未完成的思想學術工作，並通過這種參與，更好地理解那些塑造了中國的過去和現在的力量、並使得塑造中國未來的力量更為強大。

參考書目說明

本書意在成為研究歷史的實用工具，而非百科全書式的參考
書。因此，我們在「背景」部分列出了與該主題或其主幹部分有關的書
單，作為補充讀物。這些都是現成的英文書籍(幾乎沒有例外)——
盡可能是平裝本，以便購買——是工作圖書館的核心館藏。關
於參考書目，我們提醒讀者注意以下幾種，其綜合性依次遞增：

Hucker, Charles O. *Chinese History: A Bibliographic Review.* Washington,
   D.C.: Service Center for Teachers of History, American Historical
   Association, 1958).
Hucker, Charles O. *China: A Critical Bibliography.* Tucson: University of
   Arizona Press, 1962).
Yuan, Tung-li. *China in Western Literature: A Continuation of Cordier's
   Bibliotheca Sinica.* New Haven: Far Eastern Publications, Yale
   University, 1958).

上述出版物問世以後的著作(文章和書籍)，請查閱《亞洲研究
學報》(*The Journal of Asian Studies*，前身為《遠東季刊》〔*The Far Eastern
Quarterly*〕，其年度書目增刊〔annual bibliographical supplements〕於
1947年首次出版)的年度書目增刊。

　　以下是若干重要的書籍：(a) 由一位作者或多位作者撰寫的論文集；(b) 翻譯資料的選集；(c) 有關中國文明的專題通史。結合本書中的各種主題來閱讀這些書籍，會有大有益處。

134

(a) Balazs, Etienne. *Chinese Civilization and Bureaucracy*. New Haven and London: Yale University Press, 1967. Paperback (original edition 1964).*

Bishop, John L., ed. *Studies of Governmental Institutions in Chinese History*. Cambridge, Mass.: Harvard University Press, 1968. Paperback.

Yang, Lien-sheng, *Studies in Chinese Institutional History*. Cambridge, Mass.: Harvard University Press, 1961.†

(b) Birch, Cyril, ed. *Anthology of Chinese Literature: Vol. I, from Early Times to the 14th Century*. New York: Grove Press, 1967. Paperback (original edition 1965).

de Bary, W. T., et al., ed., *Sources of Chinese Tradition* (New York and London: Columbia University Press, 1964). Paperback, 2 vols. (originally published in one vol., 1960).

(c) Fung, Yu-lan (translated and adapted by Derk Bodde). *A Short History of Chinese Philosophy*. New York: Free Press, 1966. Paperback (original edition 1948).‡

---

*　譯註：中譯本為：白樂日著，黃沫譯：《中國的文明與官僚主義》，台北：久大文化股份有限公司，1992。

†　譯註：中譯本為：楊聯陞著，彭剛、程鋼譯：《中國制度史研究》，南京：江蘇人民出版社，1998。

‡　譯註：中譯本為：馮友蘭著，趙復三譯：《中國哲學簡史》，北京：生活·讀書·新知三聯書店，2009；香港：三聯書店〔香港〕有限公司，2019。

Hightower, James R. *Topics in Chinese Literature: Outlines and Bibliographies*, revised edition. Cambridge, Mass.: Harvard University Press, 1953.

Needham, Joseph. *Science and Civilization in China*, 7 vols. projected. Cambridge: Cambridge University Press, 1954 et seq.. 參見vol. 1，pp. 55–72，這是對地理環境的最佳概述。*

Sullivan, Michael. *A Short History of Chinese Art*. Berkeley and Los Angeles: University of California Press, 1967. Paperback.

Yang, Lien-sheng. *Money and Credit in China: A Short History*. Cambridge, Mass.: Harvard University Press, 1952.

---

* 譯註：中譯本為：李約瑟編，中國科學技術史翻譯出版委員會等譯：《中國科學技術史》，北京：科學出版社；上海：上海古籍出版社，1990–2013。

索引

本索引中頁碼為英文原書頁碼，即本書邊碼